职业技术教育紧缺型人才培养与产教融合特色系列教材

电子商务基础

主　编　伏星霖　李俊友　陈文涛

西南交通大学出版社
·成都·

图书在版编目（CIP）数据

电子商务基础 / 伏星霖，李俊友，陈文涛主编.
成都：西南交通大学出版社，2025.5. -- ISBN 978-7 -5774-0394-6

Ⅰ. F713.36

中国国家版本馆 CIP 数据核字第 2025U9P175 号

Dianzi Shangwu Jichu
电子商务基础

主　编 / 伏星霖　李俊友　陈文涛

策划编辑 / 李晓辉
责任编辑 / 罗小红
责任校对 / 左凌涛
封面设计 / 吴　兵

西南交通大学出版社出版发行
（四川省成都市金牛区二环路北一段 111 号西南交通大学创新大厦 21 楼　610031）
营销部电话：028-87600564　　028-87600533
网址：https://www.xnjdcbs.com
印刷：四川森林印务有限责任公司

成品尺寸　185 mm×260 mm
印张　11.75　　字数　265 千
版次　2025 年 5 月第 1 版　　印次　2025 年 5 月第 1 次

书号　ISBN 978-7-5774-0394-6
定价　45.00 元

课件咨询电话：028-81435775
图书如有印装质量问题　本社负责退换
版权所有　盗版必究　举报电话：028-87600562

PREFACE 前言

在数字化高速发展的今天,电子商务已经成为全球商业领域中最为活跃和具有深远影响力的力量之一。它不仅仅改变了传统的商业模式,更是重塑了人们的消费习惯、企业的运营方式以及整个社会的经济结构。编写这本《电子商务基础》教材,旨在为读者提供一个全面、系统且深入浅出的电子商务知识体系,无论是对电子商务领域感兴趣的初学者,还是希望深入了解该领域以拓展职业道路的专业人士,都能从中获得宝贵的知识与启发。

回顾电子商务的发展历程,它从最初简单的电子数据交换(Electronic Data Interchange,EDI),逐步发展成为涵盖了在线购物、电子支付、供应链管理、数字营销等多个领域的综合性商业活动。随着互联网技术的普及和不断升级,电子商务的规模和影响力呈指数级增长。在过去的几十年中,我们见证了电子商务从萌芽到蓬勃发展的过程。从20世纪90年代的电子商务雏形,到如今移动电子商务、跨境电子商务等新业态电商的兴起,电子商务已经渗透到全球经济的各个角落。

鉴于电子商务在社会经济发展中的重要地位和深远影响,编写一本系统的电子商务基础教材具有重要的现实意义。本教材的编写目的主要包括以下几个方面:

一是为初学者提供一个入门的向导。对于那些对电子商务领域一无所知或知之甚少的读者,本教材将从最基本的概念、原理入手,逐步引导他们了解电子商务的全貌。本教材通过通俗易懂的语言和丰富的案例,帮助初学者建立起对电子商务的初步认识,激发他们对电子商务领域的兴趣。

二是为专业人士提供一个系统的知识体系。对于已经从事电子商务相关工作或者正在学习电子商务专业的读者,本教材将从多个角度阐述电子商务涉及的各个领域,包括电子商务技术、商业模式、营销策略、法律与安全、创新发展等。通过对这些知识的系统学习,读者可以进一步提升自己的专业素养和业务能力。

本教材具有以下几个显著的特点和创新之处:

一是理论与实践相结合。在教材的编写过程中,我们不仅注重对电子商务理论知识的系统阐述,更注重通过大量的实际案例来辅助说明。这些案例涵盖了不同行业、不同规模的企业在电子商务领域的实践经验,让读者在学习理论知识的同时,能够更好地将其应用到实际工作中。

二是内容的时效性。电子商务领域的发展日新月异,新的技术、新的商业模式和新的政策法规不断涌现。本教材在编写过程中充分考虑了内容的时效性,及时纳入了最新的电子商务发展动态和研究成果,确保读者所学的知识能够跟上时代的步伐。

三是注重培养读者的综合能力。除了传授电子商务的专业知识，本教材还注重培养读者分析问题、解决问题的能力以及创新思维能力。本教材设置思考问题、案例分析等环节，引导读者积极思考，提高他们的综合能力。

为了更好地发挥本教材的作用，我们提出以下几点使用建议：

对于教师而言，在使用本教材进行教学时，可以根据教学大纲和学生的实际情况，灵活调整教学内容和教学进度；可以结合课堂讲授、案例分析、小组讨论、实践操作等多种教学方法，提高学生的学习积极性和参与度。

对于学生来说，在学习本教材时，要注重理论与实践的结合。在学习完每一章的理论知识后，要积极思考如何将这些知识应用到实际的电子商务项目或者案例中。同时，要充分利用教材中的多媒体资源，进行自主学习和拓展学习。

电子商务作为一个充满活力和机遇的领域，正在不断地改变着我们的生活和工作方式。我们希望这本《电子商务基础》教材能够为读者提供一个全面、系统、实用的电子商务知识平台，帮助读者在电子商务领域中取得更好的发展。由于时间仓促加之水平有限，我们期待广大读者对本教材提出宝贵的意见和建议，以便在今后的修订中不断完善和提高。

编 者

2024 年 10 月

CONTENTS 目 录

项目一　电子商务概述 ·· 001

　　任务一　电子商务的产生与发展 ·· 002
　　任务二　电子商务的含义、特点和基本组成 ···························· 004
　　任务三　电子商务与传统商务的区别 ······································ 006
　　任务四　常见电子商务岗位职责认知 ······································ 007
　　基础练习 ·· 008

项目二　电子商务的主要模式 ·· 010

　　任务一　认识B2B电子商务模式 ·· 011
　　任务二　理解B2C电子商务模式 ·· 015
　　任务三　开展C2C电子商务实践 ·· 019
　　基础练习 ·· 021

项目三　电子商务平台的选择与应用 ···································· 024

　　任务一　电子商务平台概述 ·· 025
　　任务二　主流电子商务平台介绍 ·· 031
　　任务三　电子商务平台选择的关键因素 ·································· 040
　　任务四　电子商务平台入驻流程与运营要点 ·························· 051
　　任务五　电子商务平台的创新与发展 ······································ 064
　　基础练习 ·· 067

项目四　电子商务网络营销 ·· 069

　　任务一　电子商务与网络营销概述 ·· 071
　　任务二　电子商务网络营销环境分析 ···································· 076
　　任务三　电子商务网络营销实施 ·· 078
　　任务四　电子商务网络营销案例分析 ······································ 082

任务五　电子商务网络营销新趋势……………………………………………084
　　基础练习……………………………………………………………………086

项目五　电子商务与供应链管理……………………………………………**088**
　　任务一　认识电子商务与供应链管理……………………………………089
　　任务二　理解电子商务优化供应链管理…………………………………093
　　基础练习……………………………………………………………………096

项目六　电子商务客户服务……………………………………………………**099**
　　任务一　电子商务客户服务概述…………………………………………100
　　任务二　电子商务客服沟通技巧…………………………………………102
　　任务三　电子商务客户服务技巧…………………………………………107
　　基础练习……………………………………………………………………110

项目七　支付与安全在电子商务中的应用……………………………………**113**
　　任务一　电子商务支付体系概述…………………………………………114
　　任务二　第三方支付平台详解……………………………………………122
　　任务三　电子商务支付安全与风险防控…………………………………129
　　任务四　支付与安全新技术及应用………………………………………134
　　基础练习……………………………………………………………………137

项目八　电子商务相关法律法规………………………………………………**140**
　　任务一　电子商务立法必要性与作用……………………………………140
　　任务二　电子商务合同法与电子签名法…………………………………143
　　任务三　电子商务知识产权保护…………………………………………152
　　任务四　电商活动中的消费者权益保护…………………………………158
　　基础练习……………………………………………………………………164

项目九　电子商务创新模式与发展趋势………………………………………**167**
　　任务一　电子商务新模式…………………………………………………168
　　任务二　电子商务发展趋势………………………………………………177
　　基础练习……………………………………………………………………179

参考文献…………………………………………………………………………**182**

项目一 电子商务概述

 学习目标

一、知识目标

（1）理解电子商务的产生与发展。
（2）理解电子商务概念、特点和基本类型。
（3）掌握传统商务与电子商务的区别。
（4）了解常见电子商务岗位职责。

二、能力目标

（1）能够归纳电子商务的概念、特点和基本类型。
（2）掌握传统商务与电子商务的区别。

三、素质目标

（1）培养学生信息收集、整理、分析的能力。
（2）培养学生对电子商务发展的理解能力。
（3）培养学生的职业能力。

 案例导入

李大伯的烦心事

李大伯是猕猴桃果园的种植专业户。每年到猕猴桃成熟的季节，李大伯看见满园硕果，脸上洋溢着笑容的同时，也会有烦心的隐忧。开心的是历经一年的辛苦付出，得到的是累累硕果；烦心的是由于地理位置偏僻、交通物流不畅、信息不及时，猕猴桃经常卖不出去而烂在果园里，造成很大的经济损失。这一年，李大伯主修电子商务专业的儿子小李大学毕业，准备返乡创业，他的目光投向了父亲的果园。

【思考一下】如果你是小李，该怎么帮自己的父亲解决这件"烦心事"？

任务一　电子商务的产生与发展

一、电子商务的产生

电子商务的产生可以追溯到 20 世纪 70 年代。当时电子邮件阶段开始，通信量以每年几倍的速度增长。到了 1995 年，随着 Web 技术的发展，信息发布系统爆炸式地成长起来，成为当时 Internet（互联网）的主要应用。而电子商务（Electronic Commerce，EC）作为一个划时代的概念，在 1996 年由 IBM 公司提出。当时 EC 在美国也才刚刚开始，它指的是在全球各地广泛的商业贸易活动中，基于客户端/服务端应用方式，买卖双方不谋面地进行各种商贸活动，实现消费者的网上购物、商户之间的网上交易和在线电子支付，以及各种商务活动、交易活动、金融活动和相关的综合服务活动的一种新型的商业运营模式。

（一）经济全球化的发展

经济全球化是各国相互联系、相互依存不断加深的过程，是人类社会发展的必经之路。经济全球化促进了各个跨国公司的有效发展，使电子商务活动在国际范围中变得频繁，使国际贸易成为各国经济发展中的重要组成部分。

（二）计算机和网络技术的发展、普及与广泛应用

近年来计算机技术的不断发展，为电子商务的应用提供了坚实的基础。20 世纪 90 年代，互联网的飞速发展将信息技术的进步又推向了新的层次，互联网逐渐成为全球通信与交易的媒介，这也为电子商务的发展提供了有效的应用保障。

（三）信用卡和电子金融的普及应用

信用卡也称贷记卡，是一种比较简便的不直接用现金付款的信贷服务，具有方便、快捷、安全等优点，逐渐成为人们消费支付过程中的重要手段之一。所谓电子金融，又称网络金融，各大银行在认识到电子商务的发展前景后，纷纷推出了支持在线交易的金融业务。在提供安全技术保障的前提下，电子银行的发展解决了商务活动中存在的支付问题，大大促进了电子商务发展。

二、电子商务的发展

电子商务是以信息网络技术为手段，以商品交换为中心的商务活动。一般研究认为，电子商务的发展经历三个阶段：

（一）EDI 电子商务

EDI（Electronic Data Interchange，电子数据交换）是一种利用计算机进行商务处理的方式。在基于互联网的电子商务普及应用之前，它是一种主要的电子商务模式。EDI 是

将贸易、运输、保险、银行和海关等行业的信息，用一种国际公认的标准格式，通过计算机通信网络，使各有关部门、公司与企业之间进行数据交换与处理，并完成以贸易为中心的全部业务过程。

EDI 产生于 20 世纪 60 年代末期的美国，是按一个公认的标准将业务文件从一台计算机传输到另一台计算机上去的电子传输技术。EDI 极大地减少了纸张票据的作用，因此，人们形象称为"无纸贸易"或"无纸交易"。

（二）基于 Internet 的电子商务

随着 Internet 的飞速发展，电子商务活动完全摆脱了传统商务活动的时空限制，使各企业之间的商务活动发展和运行变得更加灵活、实时和全球化，从而体现出电子商务具有成本低、覆盖广、功能全、更灵活、技术统一等优势，最终实现信息变换和资源共享。

（三）基于 E 概念的电子商务

所谓"E 概念"，即电子信息、通信技术与各相关应用领域的知识、方法、技能相结合而衍生的新的应用模式。换言之，E 概念就是各种信息技术与各行业领域相结合，对该领域产生新的模式起到促进作用。

进入 21 世纪，随着人们对电子商务的理解与认识逐渐扩展到 E 概念的高度，大家认为电子商务实际上就是电子信息技术同商务应用的结合体。

对于 E 概念的不同认知，产生了不同的电商模式。随着电子信息技术应用领域的不断发展，相信人们对 E 概念也会有着越来越多的认识。

三、中国电子商务的发展

1987—1994 年，中国互联网正式开通，标志着中国开启互联网的新时代。

1993 年，"三金"（金桥、金卡、金关）工程启动，为电子商务发展打下坚实基础。

1997 年，中国银行率先在互联网上建立了网上银行。

1998 年 3 月，国内第一笔网上电子商务交易取得成功，标志着中国电子商务从概念阶段走进应用阶段。2000 年是中国的"企业上网年"。

2005 年 1 月 8 日，《国务院办公厅关于加快电子商务发展的若干意见》颁布，是中国第一个全国性的电子商务政策和电子商务发展的指导性文件。

2005 年 4 月 1 日，中国第一部电子商务法——《中华人民共和国电子签名法》正式开始实施，为电子商务提供了法律保障。

2007 年 6 月 1 日，国家发展和改革委员会、国务院信息办制定和颁布了《电子商务发展"十一五"规划》，这是中国第一个官方的电子商务规划。

2014 年 9 月，阿里巴巴正式进军纽约，在纽约交易所挂牌交易。

截至 2023 年，我国网民数量达到了 10.67 亿，首次大幅度超过其他国家，跃居世界第一位，截至 2023 年 12 月，我国互联网普及率为 77.5%。

任务二 电子商务的含义、特点和基本组成

一、电子商务的含义

随着互联网络的高速发展，我国电子商务已经步入大规模发展应用和运营的成熟阶段。电子商务是在互联网开放的网络环境下，基于浏览器/服务器应用方式，买卖双方不谋面地进行各种商贸活动，实现消费者的网上购物、商户之间的网上交易和在线电子支付，以及各种商务活动、交易活动、金融活动和相关综合服务活动的一种新型的商业运营模式。

电子商务的定义可以分广义和狭义两种。

广义上，电子商务指包括互联网、企业内部网（Intranet）、企业外部网（Extranet）、局域网（Local Area Network，LAN）等各种不同形式网络在内的，一切在计算机网络上进行的商务活动；狭义上，电子商务指通过使用互联网等电子工具（包括电报、电话、广播、电视、传真、计算机、计算机网络、移动通信等）在全球范围内进行的商务贸易活动。

二、电子商务的特点

20世纪90年代以后，现代信息技术突飞猛进地发展，将世界带进了信息化时代。电子商务让人们不再受地域的限制，客户能以非常简捷的方式完成过去较为繁杂的商业活动。电子商务具有以下6个基本特点：

（一）交易虚构化

在以互联网为代表的计算机互联网络上进行的贸易，从洽商、签约到订货、支付等，交易双方不必当面进行，均经过计算机互联网络达成，整个交易完全虚构化。

（二）交易成本低

交易双方通过网络进行商务交易活动，信息成本低，无须中介者参与，有效减少交易环节，从而大大降低交易成本。

（三）交易高效化

电子商务是利用互联网技术，能在世界各地快速完成传递，能够有效地利用计算机实现高效的无纸化处理，极大地提高了工作效率。

（四）交易透明化

电子商务利用信息化技术手段实现商务中的洽谈、签约、货款的支付、交货的通知等，整个交易过程都在电子商务网络平台上显示，因此非常透明。

（五）交易互动化

电子商务利用互联网，商家之间直接进行商务交流、谈判，签合同，消费者也可以及时反馈，有助于调整和改进产品，实现良性互动。

（六）交易全球化

互联网可以跨越国界、穿越时空，无论你现在身处何地，无论是白天与黑夜，只要你能够上网，就可以利用浏览器登录安全网站，与你想交流的商家直接进行沟通，互联网真正实现了使整个地球变成了一个"地球村"。

【思考】除了以上主要特点，电子商务还有哪些特点？

三、电子商务的基本组成

要实现网上交易活动，商家必须具备交易主体、网上市场、交易事项3个重要组成条件；同时，交易流程实质上还包括有信息流、资金流、商流和物流。所以，从电子商务的应用角度分析，完整的电子商务活动是由网络、网络用户、网上市场、物流配送中心、网上银行等基本要素组成的，它们一起构成了完整的电子商务运行环境。

（一）网络

电子商务主要是指在互联网上进行的商务活动。网络是连接电子商务系统各要素的重要纽带，也是开展电子商务活动的中心，包括互联网、企业内部网和企业外部网。互联网是电子商务的基础，也是商务信息传送的载体；企业内部网是企业内部商务活动的场所；企业外部网是企业与企业、企业与个人进行商务活动的纽带。

（二）网络用户

网络用户是指连接在互联网上的法人和自然人，其构成了电子商务交易的主体。法人是指具有民事权利能力和民事行为能力，依法独立享有民事权利能力和承担民事义务的组织。自然人是指基于自然出生而依法在民事上享有权利和承担义务的个人。

（三）网上市场

网上市场是指提供给买卖双方进行网络交易的电子场所。按购买者身份的不同，可以分为网上消费者市场和网上组织市场两种。

1. 网上消费者市场

为了满足生活消费需要而通过互联网购买货物或劳务的所有个人或家庭的消费者称为网上消费者市场。其主要包括B2C（Business to Consumer，企业对消费者）与C2C（Customer to Consumer，消费者对消费者）两种模式。

2. 网上组织市场

一般把通过互联网购买货物或劳务的所有组织称为网上组织市场。其主要包括 B2B（Business to Business，企业对企业）、B2G（Business to Government，企业对政府）两种模式。

（四）物流配送中心

物流是指将物品从供应地到接收地的实体流动过程，且根据实际需要，将运输、储存、装卸、搬运、包装、流通加工、配送、信息处理等基本功能实施有机结合。在电子商务中，货物往往不是由消费者自行带走，而是由商家进行货单地址配送，这一点与传统商务不同。所以，物流配送中心成为电子商务系统中必不可少的组成要素。对于大型商家而言，商家可选择自建物流配送中心，也可以委托专业的物流公司完成货物的配送业务。商家只需要把备货单发往物流配送中心，由物流配送中心备货和出货，按照备货单的地址送达消费者手中。

（五）网上银行

作为商务活动，电子商务过程的基本环节就是买和卖。网上银行，又称网络银行，是指利用网络技术为电子商务交易中的商家和用户提供全天候的在线金融服务的银行系统。

任务三　电子商务与传统商务的区别

一、什么是传统商务

传统商务是包含商品的生产、流通、结算所进行的全部活动的总称，用户可以利用电话、传真、信函和传统媒体来实现商务交易和管理过程。

传统商务起源于远古时代，当人们对日常活动进行分工时，商业活动就开始了。每个家庭不再像以前那样既要种植粮食，又要打猎和制造工具。每个家庭专心于某一项活动，然后用他们的产品去换取所需之物。例如，制造工具的家庭可以和种植粮食的家庭互换产品。在这些原始的商务中，无形的服务也开始了买卖。例如，巫通过占卜、求神保佑来换取必要的食品和工具。

二、传统商务与电子商务的区别

传统商务和电子商务各有特点，主要区别在于以下几方面：

1. 交易过程

传统商务的交易过程涉及物流、库存、进货、销售等多个环节，需要有专门的店铺、办公室以及经营人员等；电子商务中，企业可以在不涉及物流和库存的情况下实现生产和销售，通过网络平台来更简便地进行交易。

2. 销售方式

传统商务中，销售过程需要支付租金、工资等费用；电子商务中，通过网络平台来更简便的进行交易并且收益高，需要的不是租金和雇佣商（员工），而是相应的网络费和销售平台的费用。

3. 企业形式和经营方式

传统商务是以公司或实体经营单位为主的商业形式；电子商务则是基于互联网平台的虚拟商业形式，通过对商业资源的整合以及网络技术的优势发挥，实现全球范围内的销售和交流。

4. 信息传递

在传统商业中，信息往往是通过人与人之间的沟通和互动来传递的；在电子商务中，信息的传递可以通过互联网技术等更为先进的技术进行，实现快速、准确、节省成本的信息传递。

5. 客户购物

在传统商业中，消费者完成购物需要投入较多的时间和精力，而且需要面对实体店铺的限制，选择比较有限；在电子商务中，消费者只需要在手机、电脑上进行操作，购物不受时间和空间的限制。同时，在电子商务中，对于辨认度的问题，由于产品在线上进行展示和推广，消费者不仅可以清晰地看到产品情况，而且可以通过看其他消费者的反馈来更清楚地了解产品的质量。

6. 企业管理

在传统商业中，企业管理难度大，有实体店铺维护、员工管理等；在电子商务中，企业管理便捷性很高，可以进行线上的管理操作和数据管理，避免了传统商业中的手工操作及管理的大量时间和成本。

任务四　常见电子商务岗位职责认知

电子商务（电商）岗位可以大致分为以下几类：

运营岗位：负责电商平台的日常运营，包括商品上架、价格策略、活动策划、订单处理等。

销售岗位：负责电商平台的销售业绩，包括渠道拓展、客户开发、销售推广、售后服务等。

数据分析岗位：负责对电商平台的用户行为和销售数据进行分析，为运营和销售提供数据支持。

产品经理岗位：负责电商平台的产品规划和设计，包括需求分析、功能设计、用户体验设计等。

技术岗位：负责电商平台的技术开发和维护，包括网站开发、数据库管理、服务器维护等。

设计岗位：负责电商平台的视觉设计和用户体验设计，包括平台LOGO设计、页面设计、广告设计等。

网络营销岗位：利用网站为企业开拓网上业务、网络品牌管理、客户服务等工作。

外贸电子商务岗位：是一个结合国际贸易知识与现代电子商务技术的职位，主要负责企业在全球范围内的在线销售活动，包括产品推广、市场开发、客户关系管理和订单处理等。

以上岗位并不是固定不变的，随着电商行业的发展和变化，新的岗位可能会不断出现，同时一些传统岗位也可能逐渐消失或转变。

基础练习

一、单项选择题

1. 电子商务最早产生于（　　）。
   A. 20世纪60年代　　　　　　　　B. 20世纪70年代
   C. 19世纪60年代　　　　　　　　D. 20世纪80年代

2. （　　）是以信息网络技术为手段，以商品交换为中心的商务活动。
   A. 产品生产　　　　　　　　　　B. 电子商务
   C. 商品存储　　　　　　　　　　D. 行业发展

3. Internet又称（　　）。
   A. 国际互联　　　　　　　　　　B. 城市计算机
   C. 高速信息　　　　　　　　　　D. 局部发展

4. （　　）是包含商品的生产、流通、结算所进行的全部活动的总称。
   A. 传统商务　　　　　　　　　　B. 电子商务
   C. 分析信息　　　　　　　　　　D. 社会发展

5. （　　）是指将物品从供应地到接收地的实体流动过程。
   A. 产品生产　　　　　　　　　　B. 物流
   C. 商品存储　　　　　　　　　　D. 行业发展

6. 网上银行又称（　　）。
   A. 网络银行　　　　　　　　　　B. 物流运输
   C. 商品销售　　　　　　　　　　D. 产品加工

7. 网上市场是指提供给买卖双方进行网络交易的（　　）场所。
   A. 银行　　　　B. 运输　　　　C. 电子　　　　D. 加工

8. 信用卡也称（　　）。
   A. 贷记卡　　　B. 生日卡　　　C. 购物卡　　　D. 饭卡

7. 企业对消费者模式简称（　　）。
A. B2B　　　　　B. B2C　　　　　C. C2C　　　　　D. C2O

8. 企业对企业模式简称（　　）。
A. B2B　　　　　B. B2C　　　　　C. C2C　　　　　D. C2O

9. 消费者对消费者模式简称（　　）。
A. B2B　　　　　B. B2C　　　　　C. C2C　　　　　D. C2O

10. 企业对政府模式简称（　　）。
A. B2B　　　　　B. B2G　　　　　C. C2C　　　　　D. C2O

二、判断题

1. 网络营销岗位是利用网站为企业开拓网上业务、网络品牌管理、客户服务等工作。（　　）

2. 电子商务是以信息网络技术为手段，以商品交换为中心的商务活动。（　　）

3. 传统商务是包含商品的生产、流通、结算所进行的全部活动的总称。（　　）

4. 网上银行是银行通过互联网平台，为客户提供安全、便捷、高效的金融服务的现代化渠道。（　　）

5. 电子商务主要是指在实体店中进行的交易活动。（　　）

6. 网络营销岗位是利用运输为企业开拓网上业务、网络品牌管理、客户服务等工作。（　　）

7. 外贸电子商务岗位是借助电子商务这个平台，利用虚拟市场提供产品和服务，又可以直接为虚拟市场提供服务。（　　）

8. 电子商务是现代商务活动发展的必然产物。（　　）

9. 电子商务对物流的条件要求越来越高。（　　）

10. 电商使得消费者的购物方式更加快捷与方便。（　　）

项目二
电子商务的主要模式

 学习目标

一、知识目标

（1）了解电子商务架构与系统组成。
（2）掌握 B2B、B2C、C2C 电子商务模式的概念与形式。
（3）了解国内外各类电子商务模式的经典企业。

二、能力目标

（1）掌握 B2B、B2C、C2C 电子商务模式的业务流程。
（2）学会区分各类电子商务网站类型。
（3）能根据需求选择最佳电子商务网站，并熟练应用和操作平台完成购买活动。

三、素质目标

（1）培养学生信息收集、整理、分析的能力。
（2）培养学生逻辑思维能力、良好的动手能力以及实操能力。
（3）培养国际化视野和感受中国制造的力量，培养并提高学生的职业能力。

 案例导入

"A 鲜坊"的商业模式转型之路

2021 年，刚毕业的小李发现校园周边生鲜配送服务存在配送慢、品类少的问题。他联合两位同学创立"A 鲜坊"，初期采用 B2C 模式，自建仓储中心，通过小程序向 3 公里内的居民提供 30 分钟达服务。凭借精准的选址和社群营销，首月日均订单突破 500 单。但运营三个月后，团队发现核心问题：每日约 15%的生鲜商品因过期损耗，库存周转率仅为 1.8 次/周，远低于行业平均水平。

经过市场调研，小李发现顾客更在意食材的新鲜度和个性化需求。2022 年 3 月，团队决定转型 C2B(Customer to Business，消费者到企业)模式：推出"明日鲜"预售服务，

用户前日下单，次日清晨直采直送；新增"定制菜篮"功能，用户可指定食材规格、成熟度等参数。改革后，库存周转率提升至4.5次/周，损耗率降至3%，客单价提高40%。2023年，他们又推出"农场直通车"O2O(Online to Offline，线上到线下)服务，用户可在线预约周末农场采摘体验，带动周边农产品月销售额突破200万元。

【思考一下】

1. A鲜坊从B2C向C2B转型过程中，供应链管理需要进行哪些关键变革？
2. 若A鲜坊计划拓展老年市场，在现有C2B模式基础上，需要增加哪些商业模式要素？

任务一　认识B2B电子商务模式

一、初识B2B电子商务模式

（一）B2B模式的概念

B2B（Business to Business，B2B）是企业与企业之间通过互联网进行产品、服务及信息交换的一种电子商务模式。B2B交易的买卖双方只能是具有法人资质的企业。B2B交易可以在企业自建平台上进行，也可以在第三方中介平台上开展。相比传统企业间的交易，B2B交易能够节省企业大量资源和时间。买卖双方能够在网上完成整个业务流程，包括建立初步联系、比较不同供应商、讨价还价、签订合同、交货以及提供客户服务等环节，从而减少了许多事务性的工作流程，并降低了交易成本。网络的便利性和延伸性让企业能够扩大其活动范围，使得跨地区、跨国界的交易更加便捷和成本效益更高。

B2B电子商务模式主要包括两种：一种是企业直接进行的电子商务，如原材料制造商的在线采购和在线供货；另一种是通过第三方电子商务平台进行的商务活动。阿里巴巴就是典型的第三方B2B电子商务平台，为有需求的各类企业采购或销售牵线搭桥，通过信息系统来调配、组织供货与销售，并提供一些增值服务，从而获得佣金或增值收入。企业自建网站和在第三方B2B电子商务平台进行交易的流程基本相同。

（二）B2B模式的优点

企业间电子商务的实施可以有效降低企业的运营成本，并同时拓展收入来源。以下将从降低采购成本、降低库存成本、缩短周转时间以及扩大市场机会四个方面进行分析。

1. 降低采购成本

企业通过与供应商建立电子商务合作关系，实现网上自动化的采购流程。这样不仅可以减少交易过程中的人力、物力和财力投入，而且采购方企业还能通过整合内部的采购体系，实现集中采购以获得批量折扣。

2. 降低库存成本

通过与上游供应商和下游客户建立电子商务系统，企业可以实现根据销售情况确定生产，根据生产情况确定供应，从而高效运转物流并严格控制库存。这样的业务流程优化，大大降低了库存成本。

3. 缩短周转时间

企业通过建立统一的电子商务系统，使得供应商与客户可以直接沟通和交易，减少了中间环节，极大地缩短了零部件的周转时间。

4. 扩大市场机会

企业通过建立网上商务关系，能够触及传统渠道难以覆盖的市场，从而增加市场机会。与这些企业建立电子商务合作，大幅降低了交易成本，提升了中小企业客户进行网上采购的积极性。

（三）B2B交易模式的分类

现阶段按服务领域分类，企业所采用的B2B交易模式主要分为三类：面向中间交易市场的综合B2B模式、面向行业细分领域的垂直B2B模式以及行业龙头企业自建B2B模式。

1. 综合B2B模式

综合B2B电子商务网站，也被称作水平网站的电子交易市场。在此平台上，买卖双方汇聚一堂，进行信息的交流与交易。多个行业可以在同一个网站上展开贸易活动。典型代表有阿里巴巴网站，如图2-1所示。

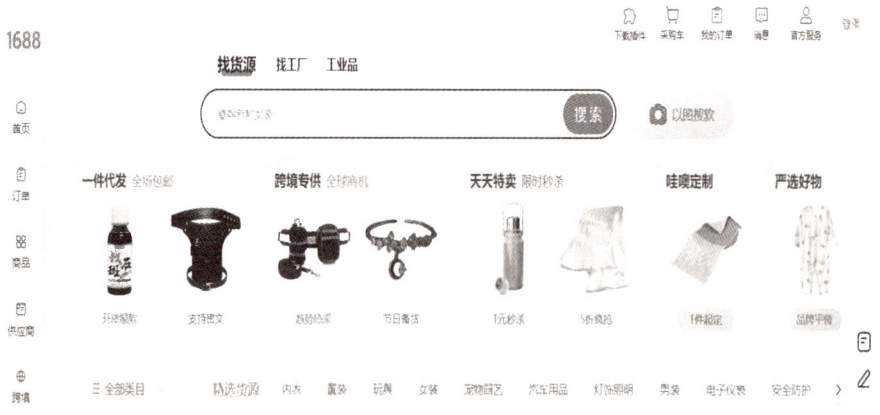

图2-1 阿里巴巴网站首页

2. 垂直B2B模式

垂直B2B电子商务网站，主要专注上游和下游两个方向。生产商或商业零售商与上游供应商之间建立供货关系，同时，生产商与下游经销商之间建立销货关系。典型代表有网盛科技网站，如图2-2所示。

图 2-2　网盛科技网站首页

3. 自建 B2B 模式

行业龙头企业自建 B2B 模式是大型行业龙头企业基于自身的信息化建设程度，搭建以自身产品供应链为核心的行业化电子商务平台。行业龙头企业通过自身的电子商务平台，串联起行业整条产业链，供应链上下游企业通过该平台实现资讯、沟通、交易。典型代表有欧冶云商，如图 2-3 所示。

图 2-3　欧冶云商网站首页

（四）B2B 电子商务模式的特点

B2B 电子商务模式是基于企业与企业之间的交易，交易的商品种类多且多以大宗交易为主。

1. 交易次数少，交易金额大

相对于直接面向普通消费者的交易，企业与企业之间的交易次数没有那么频繁，但一次交易的金额远远大于普通消费者的一次购买金额。

2. 交易对象广泛

B2B 交易的对象广泛，没有太多限制，可以是任意一种物品，既可以是未加工的原材料，也可以是半成品或成品。

3. 交易操作规范

因交易双方都是有一定规模的企业,所以B2B交易的操作过程都相对规范化、标准化及流程化,既降低了企业的经营成本,节省了时间,也提高了工作效率。

二、了解B2B电子商务模式的发展

(一)B2B电子商务模式的发展阶段

1. 初始阶段

经验模式:企业主要使用互联网进行初步的信息发布和收集,通过电子邮件等方式建立简单的沟通桥梁。代表:基础网站、在线目录。盈利模式:主要依赖广告收入和提供基础信息服务。代表:在线黄页、分类广告。

2. 交易执行阶段

经验模式:企业开始在网上执行具体的交易,如采购和销售,以及电子支付等。代表:在线市场、电子市场。盈利模式:通过交易佣金、会员费和交易增值服务来盈利。代表:在线拍卖、交易市场。

3. 整合阶段

经验模式:企业内部和外部的流程通过互联网进行整合,实现供应链管理和客户关系管理的自动化。代表:企业资源规划、供应链管理。盈利模式:提供定制化的解决方案,如集成服务和软件服务。代表:企业软件订阅服务、云服务。

4. 协同商务阶段

经验模式:企业开始与合作伙伴建立更深层次的协同关系,共享业务流程和战略信息。代表:合作伙伴关系管理、协同设计、协同研发。盈利模式:通过提供合作网络建设、数据分析和市场接入等服务来盈利。代表:B2B协同平台、行业解决方案。

5. 数字化转型阶段

经验模式:企业利用大数据、云计算、物联网和人工智能等新技术进行全面数字化转型。代表:智能供应链、数字化运营。盈利模式:利用数字化工具提供更高效的供应链管理、智能分析和客户洞察,创造多种盈利渠道。代表:数据洞察服务、智能供应链金融。

总体来看,B2B电子商务模式的发展阶段反映了企业从简单的信息交流到全面数字化转型的过程,其经验模式和盈利模式也随着技术进步和市场需求的演变而不断发展和创新。随着B2B电子商务的成熟,企业越来越注重提供增值服务、深度行业解决方案和高效的供应链协同,以实现更高的效率和盈利能力。

(二)B2B电子商务模式的发展趋势

1. 经营模式多样化

现代B2B电子商务平台不再局限于单一的在线交易功能,而是结合了行业资讯、数据分析、供应链管理等多种服务，形成了一个综合性的服务平台。线上 B2B 平台与线下的实体资源和服务相结合，提供 O2O 的商业模式，如线下展会、研讨会等活动与线上平台无缝对接。与其他行业和领域进行跨界合作，如结合物联网、大数据分析等，拓展业务范围和服务内容。

2. 面向行业纵深化

专业化电子商务平台逐渐向垂直领域纵深发展，越来越倾向于专注于特定行业，提供专业化的服务和解决方案，以满足行业内企业的深层次需求。根据不同行业的特点，提供定制化的解决方案，如为制造业提供供应链管理、为医疗行业提供合规性服务等。帮助行业内的企业整合上下游资源，实现供应链的垂直一体化。

3. 营利模式多样化

创新型电商企业突破传统交易佣金模式，通过提供增值服务（如支付、物流、融资等）来增加收入。提供高级功能和服务，吸引用户订阅成为会员，从而获得稳定的订阅收入。利用自身流量为商家提供广告和推广服务，成为新的营利点。收集和分析行业数据，提供数据报告和洞察服务，为企业决策提供支持。

4. 服务纵深化

生态化服务平台深度融合金融服务，整合金融服务，为中小企业提供在线融资、保险、信用评估等服务，帮助解决资金问题。提供最新的技术解决方案和创新服务，如云计算、物联网、人工智能等，帮助企业实现数字化转型。提供专业培训、咨询服务，帮助企业提升经营效率，优化业务流程。

任务二　理解 B2C 电子商务模式

一、初识 B2C 电子商务模式

（一）B2C 电子商务模式的概念

B2C(Business to Consumer，B2C)的电子商务模式，是指企业直接向最终消费者提供商品或服务的商业模式。这种模式是电子商务的一种类型，它利用互联网作为交易和沟通的主要渠道，使得企业能够直接与消费者进行交易，省略了传统零售模式中的中间环节。按照为消费者提供的服务内容不同，B2C 电子商务模式可以分为电子经纪、网上直销、电子零售、远程教育、网上娱乐、网上预订、网上发行、网上金融等类型。

B2C 模式的代表企业包括亚马逊、阿里巴巴旗下的天猫、京东（如图 2-4 所示）等，这些企业通过 B2C 模式改变了传统的零售业格局，为消费者提供了更加便捷和个性化的购物体验。随着移动互联网和社交媒体的发展，B2C 模式正不断演变，以满足消费者日益增长的多元化需求。

图 2-4　京东商城网站首页

（二）B2C 模式的特点

1. 低成本的运营

与传统的实体店相比，开设在线商店的成本要低得多，企业无须支付昂贵的租金、公用事业费用和大量员工工资。通过在线销售，企业可以实现按需生产或及时补货，减少库存积压和相关成本。

2. 全球市场的机遇

不受地理限制，企业可以通过互联网轻松地拓展到全球市场，接触到更广泛的消费市场，这种全球化的市场拓展能力是传统商业模式难以比拟的。

3. 个性便捷的购物体验

企业可以利用消费者的购买历史和浏览偏好，提供个性化的商品推荐和服务。这种个性化的体验不仅提升了消费者的购物体验和满意度，也增加了企业的销售额。同时消费者可以随时随地通过电脑或移动设备购物，在线商店提供比实体店更广泛的产品选择，消费者不再受商店营业时间的限制，可以轻松比较不同品牌和价格，找到最适合自己的商品。

4. 有效的营销策略

企业能够利用数字营销工具进行有效的市场推广。利用社交媒体广告、电子邮件营销和搜索引擎优化（Search Engine Optimization，SEO）等手段，企业可以更高效地吸引和留住消费者。企业可以利用大数据分析来洞察市场趋势，解析消费者行为，预测库存需求,,以优化业务决策，通过在线反馈（评论、评分等）实时了解消费者对产品或服务的看法，从而快速做出调整，提升产品质量和服务水平。

5. 灵活的支付方式

提供多种支付方式可以满足不同消费者的支付习惯，从而提升他们的购物满意度。消费者可以根据自己的偏好选择最合适的支付方式，这种灵活性是提高客户满意度和忠诚度的重要因素。

（三）B2C 交易模式的分类

1. 品牌垂直型

品牌垂直型 B2C 平台聚焦于单一品牌或品牌矩阵的线上直销，通常由品牌方或授权代理商自主运营，通过官网或专属 APP 呈现完整产品线。这些电子商务网站通常由品牌所有者或授权经销商运营，专注于特定品牌，提供该品牌下的全系列产品，确保品牌形象的统一和产品品质的控制。专注于单一品牌，平台能够提供更加个性化的购物体验和客户服务。品牌垂直型电商平台可能会结合线下的实体店，实现线上线下无缝对接。这些平台经常强调品牌故事和文化，为消费者提供更深层次的品牌体验。例如苹果官方网站、耐克在线商店等。

2. 行业垂直型

行业垂直型 B2C 平台深耕特定消费领域，通过专业化运营形成差异化优势。专注于特定行业，如母婴、服装、家居等，提供行业内的专业知识和服务。通常会整合供应链资源，为行业内的企业提供从生产到销售的全方位服务。平台可能提供行业特有的解决方案，如库存管理、订单处理、行业数据分析等。这些平台可能会建立行业社区，促进行业内的交流和合作。例如服装电商平台 Zappos、专注于家居用品 Wayfair 等。

3. 综合型

综合型 B2C 平台以"全品类覆盖"为核心特征，通过规模化运营降低边际成本。提供多种品牌和多种商品类别的在线零售平台。综合型电商平台提供从食品、服装到电子产品等多种商品，满足消费者的多样化需求。由于规模较大，综合型电商平台能够实现规模经济，提供更有竞争力的价格和更广泛的服务。通常会不断优化用户体验，包括搜索、推荐、支付等各个环节。这些平台经常举办各种营销和促销活动，吸引和保持消费者。例如亚马逊、天猫、京东等。

二、了解 B2C 电子商务模式的发展

（一）B2C 电子商务模式的发展阶段

1. 初始阶段

在这个阶段，互联网开始普及，B2C 电子商务模式初露头角。企业开始建立自己的在线商店，消费者通过拨号上网方式访问这些网站进行购物。这一阶段的 B2C 电子商务特点是：互联网基础设施和电子商务平台开始建设，消费者开始学习和接受在线购物的概念，在线支付和网络安全成为关注的焦点。

2. 成长阶段

随着宽带互联网的普及和在线支付解决方案的成熟，B2C 电子商务进入快速成长阶段。这一阶段 B2C 电子商务的特点是：网站设计和用户体验得到显著改善，智能手机和平板电脑的出现为 B2C 电子商务带来了新的机遇，快递和物流服务的发展使得在线购物

的配送更加快捷可靠，社交媒体成为B2C电子商务营销的重要渠道。

3. 成熟阶段

在这个阶段，B2C电子商务市场逐渐成熟，企业之间的竞争加剧，消费者对在线购物有了更高的期待。这一阶段B2C电子商务的特点是：线上线下渠道的整合成为趋势，企业开始利用大数据分析来提供个性化推荐和服务。品牌开始重视在线品牌建设和故事讲述，以提升品牌价值。移动商务成为B2C电子商务的主导力量。

4. 创新和变革阶段

在这个阶段，B2C电子商务模式经历了创新和变革，技术驱动成为主要动力。这一阶段的B2C电子商务特点是：人工智能、机器学习和虚拟现实技术的应用，为B2C电子商务带来新的购物体验。实现了线上线下的无缝对接，跨境电商的兴起，使得B2C电子商务市场跨越国界，拓展到全球范围。B2C电子商务平台开始关注可持续发展和社会责任，以满足消费者对环保和社会责任的关注。

B2C电子商务模式的发展是一个不断进化的过程，受到技术创新、市场变化和消费者行为的影响。随着5G、物联网、人工智能等新技术的出现，B2C电子商务模式将继续发展和变革，为消费者和企业带来更多的便利和价值。

（二）B2C电子商务模式的发展趋势

1. 越来越多的企业采用网上直销，建设自己的网上商城

技术的发展使得网上商城的建设和运营变得更加简便，企业可以通过现成的电商平台快速搭建自己的在线商店。消费者对在线购物的接受度提高，促使更多的企业建立自己的网上商城，以直接接触消费者，掌握销售渠道和客户数据。与传统的实体店相比，网上商城的建设和运营成本较低，企业可以节省昂贵的租金和人力资源成本。通过自有网上商城，企业可以更好地控制品牌形象和销售策略，提供一致的品牌体验。电子商务平台和解决方案的不断成熟，降低了企业建设和管理网上商城的技术门槛。

2. 市场细分，专业的电子商务公司会越来越多

随着B2C市场规模的扩大，企业需要不断创新和优化自己的商业模式，以在竞争激烈的市场中脱颖而出。随着市场的成熟，消费者对产品和服务的要求越来越细分化，专业的电子商务公司通过专注于特定品类或市场细分来满足这一需求。一个公司旗下运营多个品类的B2C网站，可以分散风险，同时利用不同品牌满足不同消费者的需求。专业电子商务公司可以更有效地整合资源和市场信息，提供更加精准的市场定位和营销策略。消费者对个性化和高质量商品的需求促使市场细分，专业的B2C网站能够提供更加定制化的服务和产品。

3. 网络分销越来越完善，有专业的代发货服务商

网络分销和代发货服务的兴起，优化了供应链管理，使得企业能够更加专注于核心业务，提高效率。电子商务公司可以通过与专业的代发货服务商合作，实现轻资产运营，无须自建仓库和物流体系。代发货服务提供商能够提供灵活的库存和物流解决方

案，帮助企业快速响应市场变化。通过外包物流和库存管理，电子商务公司可以减少固定成本，提高运营效率。电子商务公司可以集中资源在市场营销和客户体验上，提升核心竞争力。

任务三　开展 C2C 电子商务实践

一、初识 C2C 电子商务模式

（一）C2C 模式的概念

C2C(Consumer to Consumer，C2C)模式是一种基于互联网的商业模式，指的是消费者之间直接进行商品或服务交易的方式。消费者不仅作为买家，也可作为卖家，与其他消费者进行交易。C2C 模式通常依赖于第三方平台，如在线市场或社交媒体，来促进交易的进行。

C2C 模式的代表平台包括 eBay、淘宝的闲鱼等。这些平台为消费者提供了方便、快捷的交易，同时也为个人创业和小型企业提供了一个展示产品的平台和销售产品的渠道。

（二）C2C 模式的特点

1. 从电商主体看

C2C 模式允许任何消费者成为卖家，极大地降低了市场准入门槛。这为个人和小型企业提供了展示和销售产品的平台。消费者可以通过 C2C 平台建立个人品牌，尤其是对于手工艺者、艺术家和创作者来说，这是一个展示独特商品和个人才华的好机会。C2C 平台通常具有社区功能，消费者可以互相交流、分享经验，这种社交性增强了用户之间的互动和信任。作为电商主体的消费者可以自由地设置自己的营业时间、产品价格和服务条款，享受更大的灵活性和自由度。

2. 从支付手段看

C2C 平台通常提供多种支付方式，包括信用卡、电子钱包、银行转账等，满足不同消费者的支付习惯。随着技术的发展，采用了加密技术和安全的支付流程，保障了交易的安全性和消费者的资金安全。在线支付使交易过程更加便捷，消费者可以随时随地完成购买，无须受到时间和地点的限制。

3. 从经营成本看

与传统的实体店或 B2C 平台相比，C2C 模式下的个人卖家无须承担高昂的租金、库存和员工成本，启动成本相对较低。卖家通常不需要维持大量库存，可以按需生产和销售，减少了库存压力和资金占用。通常与第三方物流服务提供商合作，为卖家提供灵活的物流解决方案，降低了物流成本。平台本身具有流量和用户基础，卖家可以利用平台的营销工具和社区效应，降低市场推广成本。随着业务的发展，卖家可以轻松地扩展产品线和服务，而不需要额外的实体基础设施。

二、了解 C2C 电子商务模式的发展

（一）C2C 电子商务模式的发展阶段

1. 初始阶段

在这个阶段，互联网开始普及，C2C 电子商务模式初露头角。这个阶段的一些特点：互联网基础设施和电子商务平台开始建设，为 C2C 交易提供了基础，消费者开始学习和接受在线购物的概念，但普及率相对较低。在线支付和网络安全成为关注的焦点，消费者对在线交易的安全性持谨慎态度。

2. 成长阶段

随着宽带互联网的普及和在线支付解决方案的成熟，C2C 电子商务进入快速成长阶段。这个阶段的特点包括：C2C 平台开始重视用户体验，网站设计和功能得到显著改善，智能手机和平板电脑的出现为 C2C 电子商务带来了新的机遇。C2C 平台开始扩张，覆盖更多的商品类别和消费者群体。

3. 成熟阶段

在这个阶段，C2C 电子商务市场逐渐成熟。这个阶段的特征：C2C 平台开始整合线上线下渠道，提供更加无缝的购物体验。企业开始利用大数据分析来提供个性化推荐和服务，C2C 平台开始注重品牌建设和社区化，提升用户的忠诚度和活跃度。

4. 创新和分化阶段

在这个阶段，C2C 电子商务模式经历了创新和分化。这个阶段的趋势：C2C 平台开始采用最新的技术，如增强现实（AR）、虚拟现实（VR）等，提供沉浸式的购物体验，专业的 C2C 平台出现，专注于特定的商品类别或服务，提供更加专业化的体验。C2C 电子商务开始跨越国界，进入全球市场，拓展新的用户群体。随着消费者对可持续性和社会责任的关注增加，C2C 电子商务模式也开始向着更加环保和可持续的方向发展。C2C 平台开始推广绿色包装、减少碳排放等环保措施，C2C 平台开始关注社会责任，如支持公平贸易、帮助小企业成长等。

（二）C2C 电子商务模式的发展趋势

1. 服务更规范

政府和监管机构正在制定更多的政策和法规来规范 C2C 市场，确保交易的合法性和消费者权益的保护。平台将建立更完善的规则和标准，包括商品质量控制、交易纠纷解决和用户行为准则，以提升用户体验和信任度。提高服务质量，包括快速响应客户需求、提供个性化服务等，以吸引和保留用户。优化支付流程和物流服务，减少交易摩擦。探

索多种盈利方式，如广告收入、会员服务、交易佣金等，以实现可持续发展。基于消费者对数据安全和隐私保护的重视，加强安全措施，保护用户信息。

2. 竞争更激烈

越来越多的个人和小型企业加入市场，增加了竞争压力，商家为了脱颖而出，不断推出多样化、个性化的产品和服务，以满足不同消费者的需求。加强社区建设和用户互动，以提升用户的参与度和忠诚度。技术的进步和创新成为企业竞争的关键，平台和商家需要不断更新技术以保持竞争力。在全球化趋势下，C2C平台的全球化使得商家面临来自不同国家和地区的竞争。

3. 商家更新快

面对消费者需求和偏好的不断变化，商家需要快速响应市场变化，以保持竞争力。新技术的出现和快速应用推动商家更新产品和服务，以满足消费者的新需求。在竞争激烈的市场中，商家需要不断优化自己的产品和服务，以保持竞争优势。消费者对产品质量、服务水平和购物体验的期望不断提高，商家需要快速更新以满足这些期望。

基础练习

一、单项选择题

1. 以下哪个选项不属于电子商务的主要模式？（　　　）
A. B2B　　　　　B. B2C　　　　　C. C2C　　　　　D. B2G

2. 电子商务模式中，企业与企业之间进行交易的模式被称为（　　　）。
A. B2B　　　　　B. B2C　　　　　C. C2C　　　　　D. O2O

3. 电子商务模式中，消费者对消费者的交易模式通常是指（　　　）。
A. B2B　　　　　B. B2C　　　　　C. C2C　　　　　D. B2G

4. 以下哪种电子商务模式主要涉及线上与线下结合的交易？（　　　）
A. B2B　　　　　B. B2C　　　　　C. C2C　　　　　D. O2O

5. 电子商务模式中，消费者对企业进行个性化定制或团购的交易模式通常被称为（　　　）。
A. B2B　　　　　B. B2C　　　　　C. C2B　　　　　D. C2C

二、多项选择题

1. 以下哪些属于电子商务的主要模式？（　　　）
A. B2B　　　　　B. B2C　　　　　C. C2C　　　　　D. O2O

2. 在以下电子商务模式中，哪些模式通常涉及企业之间的交易？（　　　）
A. B2B　　　　　B. B2C　　　　　C. C2C　　　　　D. B2G

3. 以下哪些电子商务模式可能会涉及消费者直接购买商品或服务？（　　　）

A. B2C　　　　　　B. C2C　　　　　　C. O2O　　　　　　D. B2G

4. 在以下描述中,哪些描述正确地体现了电子商务模式的特点?(　　)

A. B2B 模式通常交易金额较大,涉及的企业间合作关系较为复杂

B. B2C 模式直接面向消费者,提供便捷的在线购物体验

C. C2C 模式允许个人用户之间进行商品交易,平台通常收取交易费用

D. O2O 模式结合了线上信息流和线下服务流,提高了用户体验

5. 以下哪些因素可能影响电子商务模式的选择?(　　)

A. 产品类型　　　　B. 市场定位　　　　C. 企业资源　　　　D. 法律法规

三、名词解释

1. B2B

2. B2C

3. C2C

四、简答题

1. 请简述 B2B 电子商务模式的特点。

2. 请解释 C2C 电子商务模式是如何运作的。

3. C2C 电子商务模式的特点是什么？

项目三 电子商务平台的选择与应用

 学习目标

一、知识目标

（1）掌握电子商务平台的定义、功能、发展历程及趋势。
（2）熟悉 B2B、B2C、C2C、O2O 及跨境电商平台的特点和适用场景。
（3）了解多种平台搭建方式的优缺点及适用条件。
（4）理解平台选择的关键因素，包括功能、服务、费用、安全及可扩展性。
（5）掌握市场与竞争环境分析方法，包括市场定位、差异化策略及 SWOT 分析。
（6）了解平台入驻前的调研、资料准备、申请及审核流程。

二、能力目标

（1）能够根据企业需求选择合适的电子商务平台，评估其长期价值与战略契合度。
（2）能够完成店铺基本信息设置、页面设计优化及商品信息上传。
（3）能制定商品定价策略，有效管理商品上下架及库存。
（4）能配置在线支付及物流接口，确保交易顺畅。
（5）能够运用多种营销手段提升品牌知名度和销售额。
（6）能够高效处理客户咨询与投诉，制定有效的售后服务政策。
（7）能通过数据分析优化运营策略，提升用户体验。
（8）能够了解并评估新兴电商平台模式及新技术的应用前景。

三、素质目标

（1）培养学生对电子商务平台的认知能力。
（2）培养学生逻辑思维能力、良好的动手能力以及实操能力。
（3）培养学生的职业能力。

任务一　电子商务平台概述

一、电子商务平台的定义与分类

（一）电子商务平台的定义

电子商务平台是一个为企业或个人提供网上交易洽谈的平台。企业电子商务平台是在互联网上进行商务活动的虚拟网络空间和保障商务顺利运营的管理环境，是协调、整合信息流、货物流、资金流有序、关联、高效流动的重要场所。企业、商家可充分利用电子商务平台提供的网络基础设施、支付平台、安全平台、管理平台等共享资源有效地、低成本地开展自己的商业活动。

（二）电子商务平台的特点

1. 跨时空性

一方面电子商务平台将商务流程电子化和数据化，电子流代替实物流，大量减少了人力物力，降低了成本；另一方面电子商务平台打破了时间和空间的限制，使得交易活动可以在任何时间、任何地点进行，为企业创造了更多的贸易机会。

2. 交互性

电子商务平台提供了丰富的交互工具，如聊天窗口、评价系统等，方便买卖双方进行实时沟通和交流。聊天窗口为用户提供了实时咨询和客服支持，使用户能够即时解决购物过程中的疑问，提高了购物的便利性和满意度。这种即时沟通的功能模拟了线下购物的体验，使用户感觉更加被重视，从而增强了用户的购物体验，评价系统允许用户对购买的商品或服务进行评价，这不仅为其他潜在买家提供了购买决策的参考，也促进了用户与商家之间的互动。通过用户的反馈，商家可以了解自己的产品或服务存在的问题，从而进行改进。这种互动机制有助于提高产品质量和服务水平。

3. 个性化服务

根据用户的需求和偏好，电子商务平台可以提供个性化的商品推荐、定制服务等。例如通过分析用户的聊天内容和评价反馈，平台可以为用户提供更加精准的推荐，从而提高用户的购物体验和满意度。

4. 数据驱动

电子商务平台作为数字化经济的核心组成部分，其运营决策和用户体验优化都高度依赖于数据驱动。平台通过收集和分析用户在购物过程中的各种数据，如浏览记录、购买行为、支付偏好等，可以深入了解用户需求和消费习惯。这些数据不仅为平台提供了宝贵的市场洞察，还能够帮助平台制定更加精准的营销策略和个性化推荐，从而提升用户满意度和忠诚度。

具体来说，数据驱动特点体现在以下几个方面：

①精准营销：通过分析用户数据，平台可以识别出不同用户群体的需求和偏好，进而制定针对性的营销策略，提高营销效果。

②个性化推荐：基于用户的历史行为和偏好，平台可以为用户提供个性化的商品推荐，提升购物体验和转化率。

③业务优化：通过对销售数据、库存数据等进行分析，平台可以优化供应链管理、商品布局和业务流程，降低成本并提高运营效率。

5. 安全性

在电子商务环境中，安全性是用户最为关心的问题之一。电子商务平台需要采取一系列安全措施，确保用户信息和交易的安全，以维护用户的信任和平台的声誉。

具体来说，安全性特点体现在以下几个方面：

①数据加密：平台采用先进的加密技术，对用户数据进行加密存储和传输，防止数据被恶意窃取或篡改。

②风险控制：平台建立完善的风险控制体系，对交易过程进行实时监控和风险评估，及时发现并处理潜在的安全威胁。

③隐私保护：平台严格遵守相关法律法规，对用户隐私信息进行保护，不泄露给第三方，确保用户隐私的安全。

④支付安全：平台采用安全的支付系统，对支付过程进行加密和验证，确保用户支付信息的安全性。

（三）电子商务平台搭建方式

电子商务平台作为企业电商最重要的获客途径，企业应根据自身的规模、需求、技术实力和预算来选择最合适的方式进行搭建。无论选择哪种方式，都需要充分了解企业需求和目标，体现平台的价值性，以确保电子商务平台能够满足企业的长期发展需求。

1. 自主开发

特点：企业自行组建技术团队，根据自身业务需求和特点，从零开始开发电子商务平台。这种方式能够高度定制化，满足企业的独特需求。

优势：完全掌控平台的技术架构和功能实现，能够灵活应对业务变化。

挑战：需要投入大量的人力、财力和时间成本，且对技术团队的能力要求较高。

2. 第三方平台搭建

特点：利用成熟的第三方电子商务平台（如 Shopify、Magento、WooCommerce 等）快速搭建自己的在线商店。这些平台提供了丰富的模板、插件和功能，简化了搭建过程。

优势：搭建速度快，成本低，适合中小企业和初创企业。同时，这些平台通常具有完善的社区支持和丰富的资源。

局限：可能受限于平台的功能和规则，难以完全实现个性化需求。

3. 云服务提供商搭建

特点：使用云服务提供商（如阿里巴巴的天猫、京东的京东商城等）的电子商务解决方案来搭建平台。这种方式结合了云服务的灵活性和可扩展性，以及服务提供商的专业经验。

优势：无须担心技术开发和维护问题，可以专注于业务运营和市场营销。同时，云服务提供商通常提供全面的技术支持和解决方案。

局限：可能受限于服务提供商的功能和规则，以及可能产生的服务费用。

4. 开源系统搭建

特点：使用开源的电子商务系统（如 OsCommerce、OpenCart、PrestaShop 等）进行平台搭建。这些系统提供了源代码，允许企业根据自己的需求进行修改和定制。

优势：具有高度的灵活性和可定制性，同时可以获得开源社区的支持和帮助。

挑战：需要具备一定的技术能力和经验来维护和管理开源系统，以及关注系统的更新和安全问题。

5. 定制化开发

特点：通过专业的第三方技术服务商或互联网公司，根据企业的具体需求进行定制化开发。这种方式结合了自主开发的灵活性和第三方平台搭建的效率。

优势：能够高度定制化，满足企业的独特需求，同时获得专业技术团队的支持和服务。

挑战：需要投入一定的费用和时间来与服务商进行沟通和协作，电商平台涉及复杂的技术架构与多种技术集成，如高并发处理、大数据处理、安全防护等，定制化开发会涉及后续多方面的维护和管理问题。

（四）电子商务平台的类型

B2B 平台：主要面向企业之间的采购和销售活动，如阿里巴巴、慧聪网等。

B2C 平台：以网络零售业为主，商家直接向消费者销售商品和服务，如京东、天猫等。

C2C 平台：为消费者之间提供买卖交易的平台，如淘宝、闲鱼等。

O2O 平台：将线上的用户引导到线下的实体店进行消费，如美团、大众点评等。

跨境电商平台：专注于跨国或跨地区的电子商务活动，如亚马逊、速卖通、Temu 等。

（五）电子商务平台的重要性

电子商务平台在现代商业活动中扮演着至关重要的角色。它不仅为企业提供了全新的营销渠道和销售模式，还为消费者带来了更加便捷、丰富的购物体验。同时，电子商务平台也促进了产业链的整合和优化，推动了经济的持续发展和创新。搭建电子商务平台是企业适应数字化时代、拓展市场、塑造品牌、提升客户服务水平和实现数据驱动决策的关键举措。在数字化时代，电子商务平台已经成为企业不可或缺的一部分，它能够帮助企业更好地适应市场变化，提升竞争力，实现可持续发展。

二、电子商务平台发展历程和趋势

(一)电子商务平台的发展历程

随着互联网技术的飞速发展,电子商务平台逐渐崭露头角,成为商业领域的重要一环。电子商务平台的发展历程可以分为以下几个阶段:

萌芽阶段:在电子商务刚刚兴起的时期,大多数企业还在摸索如何将自己的业务与互联网结合。此时的电子商务平台功能相对简单,主要提供商品信息的展示和基本的交易功能。

成长阶段:随着网络技术的成熟和消费者对于网络购物的接受度提高,电子商务平台开始融入更多的交互元素,如用户评价、在线客服等,提升了用户体验。同时,平台也开始提供多样化的支付方式和更快捷的物流服务。

成熟阶段:进入21世纪后,电子商务平台已经发展成为集购物、支付、物流、售后服务于一体的综合性服务平台。大数据分析、个性化推荐等先进技术的应用,使得电子商务平台能够更精准地满足消费者需求。

创新发展阶段:近年来,随着移动互联网的普及,电子商务平台开始融入社交媒体元素,打造社区化的购物体验。直播带货、拼团购买等新型电商模式也应运而生,进一步丰富了电子商务平台的生态。

(二)电子商务平台的发展趋势

未来,电子商务平台将朝着以下几个方向发展:

1. 智能化

借助人工智能和大数据技术,电子商务平台将更加智能化,能够为用户提供更加个性化的推荐和服务。例如,通过分析用户的购物历史和浏览行为,平台可以精准推送符合用户喜好的商品信息。

2. 社交化

电子商务平台将继续融入社交元素,打造集购物、分享、交流于一体的社区化平台。用户可以在平台上发布购物心得,分享使用经验,与其他用户互动交流,形成良好的社区氛围。

3. 跨界融合

电子商务平台将与更多行业进行跨界融合,如旅游、教育、医疗等。通过整合各行业资源,为用户提供一站式的服务体验。

4. 全球化

随着经济全球化的加速推进,电子商务平台将更加注重国际市场的拓展。通过跨境合作、海外仓储等方式,满足全球消费者的购物需求。

5. 绿色可持续发展

在环保理念日益深入人心的背景下,电子商务平台将更加注重绿色可持续发展,通过推广环保产品、优化物流包装等方式，减少对环境的影响。

（三）我国电子商务平台的发展趋势

1. 电子商务应用的普及化与常态化将持续深化

随着互联网技术的不断发展和普及，电子商务已经成为人们日常生活的一部分，其便捷性和高效性使得越来越多的消费者和企业选择在线交易。未来，这种趋势将进一步加深，电子商务将成为社会经济活动中不可或缺的一部分。

2. 企业电子商务应用将更加注重产业链与供应链的全流程化

随着市场竞争的加剧，企业需要更紧密地与上下游合作伙伴协同，以实现资源的高效配置和成本的降低。因此，电子商务平台将更加注重提供全流程的产业链与供应链服务，帮助企业实现供应链的数字化、智能化和透明化。

3. 移动电子商务将继续成为电子商务发展的新驱动力

随着智能手机的普及和移动互联网技术的快速发展，移动电子商务已经成为电子商务领域的重要组成部分。未来，移动电子商务将继续保持高速增长，成为推动电子商务行业发展的重要力量。

4. 原"寡头垄断"格局将被"多元化"竞争市场逐步替代

随着电子商务市场的不断成熟和竞争的加剧，原有的寡头垄断格局将被打破。未来，电子商务市场将更加多元化，涌现出更多具有创新力和竞争力的企业，形成更加健康、活跃的市场竞争环境。

5. B2C 模式将逐渐替代 C2C 模式成为网络购物的主流

随着消费者对商品品质和服务要求的提高，B2C 模式因其品质保障和售后服务等优势，将逐渐替代 C2C 模式成为网络购物的主流。同时，B2C 平台也将更加注重提升用户体验和服务质量，以满足消费者的多样化需求。

6. 电子商务平台与搜索引擎平台将呈现融合化趋势

随着大数据和人工智能技术的不断发展，电子商务平台与搜索引擎平台的融合将成为未来发展的重要趋势。通过融合，平台可以更好地了解用户需求，提供更加精准的搜索和推荐服务，提升用户体验和购物效率。

7. 电子商务的安全、诚信与立法等体系将逐步完善

随着电子商务的快速发展，安全、诚信和立法体系不完善等问题也日益凸显。未来，政府和企业将共同努力，加强电子商务领域的安全保障和诚信体系建设，完善相关法律法规，为电子商务的健康发展提供有力保障。

8. 本土电子商务阵营将逐渐崛起，农村电子商务产业任重而道远

随着国内市场的不断扩大和消费者需求的多样化，本土电子商务企业将逐渐崛起，成为推动电子商务行业发展的重要力量。同时，农村地区电子商务产业也面临着诸多挑战和机遇，农村电商的发展较为缓慢，需要不断创新和提升服务质量，以实现可持续发展。

9. 第三方电子支付行业与电子商务平台应用加速融合

随着电子商务的快速发展,第三方电子支付已经成为电子商务交易中不可或缺的一部分当下,第三方电子支付行业与电子商务平台应用加速融合,提供更加便捷、安全的支付服务,推动电子商务行业的进一步发展。

10. 线上电子商务平台与线下实体平台呈现融合化趋势

随着消费者对购物体验和服务要求的提高,线上电子商务平台与线下实体平台的融合成为发展的重要趋势。通过融合,平台可以更好地满足消费者的多样化需求,提供更加全面、便捷的购物体验和服务。同时,这种融合也促进了线上线下资源的共享和优化配置,推动零售行业的转型升级。

三、电子商务平台在电商行业中的作用

电子商务平台作为电商行业的基石,其重要性不言而喻。以下是对电子商务平台在电商行业中作用的详细阐述和分析。

1. 提供便捷的购物体验

电子商务平台利用互联网技术,打破了时间和空间的限制,为消费者提供前所未有的购物便利。通过平台,消费者可以随时随地浏览丰富的商品信息,进行比较和选择,并享受个性化的推荐服务。此外,电子商务平台通常配备有高效的支付系统和物流体系,确保交易的顺畅进行和商品的及时送达。

为了持续优化购物体验,许多电子商务平台还引入了人工智能和大数据技术,以更精准地理解消费者需求,并提供更为个性化的服务。例如,通过分析用户的购物历史和浏览行为数据,平台可以推送符合用户喜好的商品信息和优惠活动,从而提升用户的购物满意度。

2. 降低交易成本与提升效率

电子商务平台通过电子化的交易方式,显著降低了传统实体交易中的成本。这包括减少了纸质文档的使用、存储和传输成本,以及降低了人工处理和中介服务的费用。同时,通过集中化的信息处理和自动化的交易流程,电子商务平台大大提高了交易的效率。这种成本和效率的双重优势,使得电子商务平台成为商家和消费者的首选交易方式。

3. 拓展销售市场与渠道

电子商务平台为商家提供了无限的市场拓展可能性。无论是国内市场还是国际市场,商家都可以通过平台将产品销往各个角落。这不仅帮助商家扩大了销售渠道,还增加了商品的曝光机会,有助于提升品牌知名度和影响力。对于消费者而言,电子商务平台也提供了更为丰富的商品选择和购买渠道,满足了多样化的购物需求。

4. 促进供应链管理与优化

电子商务平台在供应链管理方面发挥着重要作用。通过数据分析和预测功能,平台

可以帮助商家更准确地把握市场需求、库存情况和物流动态，从而实现供应链的高效运作。这种优化不仅有助于减少库存积压和浪费，还能提高物流速度和准确性，进而提升消费者的购物体验。

5. 推动行业创新与发展

作为电商行业的核心组成部分，电子商务平台不断推动着整个行业的创新与发展。平台通过引入新技术、新模式和新理念，为商家和消费者带来前所未有的商业机会和购物体验。例如，近年来兴起的直播电商、社交电商等新模式，都是在电子商务平台的推动下诞生的创新产物。这些新模式不仅丰富了电商行业的生态体系，还为商家提供了更多的营销手段和增长动力。

同时，电子商务平台之间的竞争也促进了整个行业的进步与升级。为了吸引更多用户和商家入驻，平台需要不断提升自身的服务质量和创新能力。这种良性竞争有助于推动整个电商行业向更高水平发展。

综上所述，电子商务平台在电商行业中发挥着至关重要的作用。它们通过提供便捷的购物体验、降低交易成本、拓展销售市场、促进供应链优化以及推动行业创新与发展等多方面的努力，为消费者和商家创造了巨大的价值。在未来发展中，电子商务平台将继续发挥引领作用，推动电商行业迈向更加繁荣与创新的阶段。

任务二　主流电子商务平台介绍

一、B2B 电子商务平台

（一）主流 B2B 电子商务平台

（1）阿里巴巴：作为全球领先的 B2B 电商平台，阿里巴巴为来自世界各地的买家和卖家提供了高效、安全的交易平台。其服务涵盖了从原材料到成品的整个供应链，支持多种交易模式。

（2）中国制造网：专注于将中国制造的产品推向全球市场，为国际买家提供大量高质量、价格合理的商品。平台拥有严格的供应商审核机制，确保交易安全。

（3）慧聪网：作为国内知名的 B2B 电商平台，慧聪网通过提供全面的企业上网解决方案、网络营销、商务服务及专业市场服务，帮助中小企业拓展业务。

（4）京东工业：京东工业是京东旗下的 B2B 电商平台，专注于工业品的采购与销售。平台凭借京东强大的物流体系和供应链管理能力，为企业提供高效、便捷的采购服务。

（二）B2B 电子商务平台的特点

（1）交易主体为企业。

与 B2C、C2C 等模式不同，B2B 平台的交易主体是企业，交易规模相对较大，且更注重长期合作关系的建立。

（2）交易过程复杂。

由于企业级交易涉及的产品种类多、数量大，交易过程往往更为复杂，包括询价、报价、谈判、签约、支付、物流等多个环节。

（3）信息化要求高。

为了提高交易效率，B2B平台通常需要具备高度的信息化水平，包括在线交易系统、供应链管理系统、数据分析工具等。

（4）服务专业化。

针对企业级客户的需求，B2B平台往往需要提供更为专业化的服务，如市场调研、行业分析、定制化解决方案等。

（三）B2B电子商务平台的商家特性

（1）商家规模多样化。

B2B平台上的商家规模不一，既有大型跨国公司，也有中小型企业，他们通过平台寻找合适的合作伙伴，实现资源共享和优势互补。

（2）交易需求明确。

企业级客户在B2B平台上的交易需求通常较为明确，他们更注重产品的性价比、交货期、售后服务等关键因素。

（3）长期合作倾向。

由于企业级交易的稳定性和持续性，B2B平台上的商家更倾向于建立长期合作关系，以降低交易成本和提高市场竞争力。

在理解B2B电子商务平台时，需要注意以下内容：

（1）B2B不仅仅是信息发布平台：虽然信息发布是B2B平台的重要功能之一，但现代B2B平台已经远远超越了这一功能，它们还提供了在线交易、供应链管理、金融服务等多元化服务。

（2）B2B平台并非只服务于大型企业：尽管大型企业是B2B平台的重要客户群体，但中小型企业同样可以在平台上找到合适的商机和发展空间。

（3）B2B交易并非完全线上化：虽然线上交易是B2B平台的核心优势之一，但在实际业务中，线下沟通、实地考察等环节仍然不可或缺。因此，B2B平台通常需要与线下服务相结合，以提供更全面的解决方案。

二、B2C电子商务平台

（一）主流B2C电子商务平台

在国内电商市场中，B2C电子商务平台扮演着至关重要的角色。这些平台直接面向消费者销售商品和服务，通过互联网技术极大地提升了交易的便捷性和效率。以下是国内主流的B2C电子商务平台概览。

（1）淘宝：作为中国最大的在线购物平台，淘宝提供了广泛的商品选择，涵盖服装、家居用品、数码产品等多个领域。其 C2C 模式与 B2C 模式并存，为消费者提供了丰富的购物选择和灵活的交易方式。

（2）天猫：阿里巴巴旗下的 B2C 电商平台，专注于品牌商品的销售。天猫通过严格的商家审核和品质控制，为消费者提供了高品质、有保障的购物体验。

（3）京东：中国第二大 B2C 电商平台，以自营和第三方商户合作的模式运营。京东提供全品类的商品选择，涵盖家电、数码产品、图书、服装等多个领域，并以其高效的物流服务和优质的客户服务赢得了消费者的信赖。

（4）苏宁易购：中国领先的综合性 B2C 电子商务平台，主要经营家电、数码产品、生活用品等。苏宁拥有线上线下相结合的销售模式，为消费者提供了便捷的购物体验。

（5）唯品会：中国知名的特卖电商平台，专注于品牌折扣商品的销售。唯品会通过与品牌商合作，提供限时限量的促销活动，吸引了大量追求性价比的消费者。

（6）拼多多：近年来崛起的社交电商平台，以团购和拼团模式为主要特点。拼多多侧重低价商品和农村市场，通过社交分享和参与互动活动吸引用户。

（二）主流 B2C 电子商务平台特点

（1）商品品质保障。

国内主流的 B2C 电子商务平台均对入驻商家进行严格的资质审核和品质控制。这些平台通过建立完善的质量管理体系，确保销售的商品符合国家相关标准和消费者期望。同时，平台还提供正品保障服务，让消费者购物无忧。

（2）便捷的购物体验。

消费者可以在这些平台上随时随地通过电脑或手机进行购物，不受时间和地点的限制。平台提供丰富的商品信息和详细的购物指南，帮助消费者快速找到心仪的商品。此外，平台还支持多种支付方式和配送方式（如快递、自提等），满足消费者的不同需求。

（3）多样化的商品选择。

国内主流的 B2C 电子商务平台涵盖了服装、数码产品、家居用品、美妆护肤等多个领域。这些平台通过引入众多商家和品牌，为消费者提供多样化的商品选择。同时，平台还利用大数据分析技术，根据消费者的购物习惯和喜好推荐相关商品，提高购物满意度。

（4）安全可靠的交易环境。

为了保障交易的安全性和可靠性，这些平台采取了一系列措施。例如，对交易过程进行全程监管，防止欺诈行为的发生；提供交易保障服务（如退货、换货、赔偿等），确保消费者的权益得到保障。此外，平台还加强了对商家信用体系的建设和管理，提高商家的诚信度和责任感。

（5）客户服务贴心周到。

国内主流的 B2C 电子商务平台注重客户服务体验。这些平台提供全天候的客服服务，随时解答消费者的咨询和反馈。同时，平台还为消费者提供订单跟踪、快递查询等便捷服务，让消费者随时了解订单状态和物流信息。此外，平台还通过会员制度、积分奖励等方式增强用户黏性，提高用户满意度。

（三）B2C 平台商家特性

（1）独立经营与品牌建设。

国内主流的 B2C 电子商务平台允许商家自主开通店铺并进行独立经营。商家可以根据自己的品牌特色和经营策略进行店铺装修、商品展示，打造个性化的品牌形象。同时，平台还提供丰富的营销工具和推广资源，帮助商家提高品牌知名度和市场竞争力。

（2）灵活的营销手段。

这些平台支持商家自由创建各类促销活动，如团购、限时抢购、特价优惠等。商家可以根据自己的经营需求和市场变化灵活调整营销策略，吸引更多消费者关注和购买。此外，平台还提供精准营销工具和数据分析支持，帮助商家更好地了解用户需求和市场趋势，制定更加精准的营销方案。

（3）高效的订单处理与物流管理。

国内主流的 B2C 电子商务平台具备完善的订单处理系统和物流配送网络。商家可以通过平台快速处理订单信息、生成发货单并进行物流配送跟踪。同时，平台还提供多种配送方式选择和运费优惠政策，帮助商家降低物流成本并提高配送效率。这些措施有助于提升消费者的购物体验和商家的经营效益。

（4）数据驱动决策与精准营销。

随着大数据技术的不断发展，国内主流的 B2C 电子商务平台越来越重视数据驱动决策的重要性。这些平台通过收集和分析用户行为数据、交易数据等信息资源，为商家提供更加精准的用户画像和市场趋势分析。商家可以根据这些数据结果制定更加精准的营销策略和推广计划，提高营销效果和转化率。同时，平台还提供数据可视化工具和报表分析功能，帮助商家更加直观地了解经营状况和业绩指标情况。

三、C2C 电子商务平台

（一）主流 C2C 电子商务平台

C2C 电子商务平台，即消费者与消费者之间的电子商务模式，在国内电商市场中占据重要地位。以下是当前国内主流的 C2C 电子商务平台概览。

（1）淘宝网。

淘宝网作为中国最早且最具影响力的 C2C 电子商务平台，拥有庞大的用户群体和丰富的商品种类。淘宝网提供一站式购物体验，包括商品搜索、下单、支付、物流追踪等全链条服务。支持多种交易方式，如一口价、拍卖等。随着阿里巴巴集团的持续投入和技术创新，淘宝网不断优化用户体验，提升交易效率。

（2）闲鱼。

作为阿里巴巴旗下的闲置交易平台，闲鱼专注于二手商品交易。闲鱼强调交易的便捷性和真实性，通过实名认证、芝麻信用等手段保障交易双方权益，吸引了大量寻求高性价比商品的消费者和愿意出售闲置物品的个人卖家。

（3）转转。

转转是58同城旗下的专业二手交易平台，旨在打造一个安全、可靠的二手商品交易环境。转转提供商品检测、验机服务，以及担保交易等增值服务，提升交易透明度和用户信任度。通过不断优化平台功能和提升服务质量，转转在二手市场中的影响力逐渐增强。

（二）C2C电子商务平台特点

（1）用户群体庞大且多样。

C2C电子商务平台拥有数以亿计的用户，这些用户来自不同地域、年龄层和兴趣领域，为平台带来了多样化的商品和交易需求。

（2）交易过程便捷高效。

平台提供了一站式的交易服务，包括商品信息发布、交易撮合、支付结算和物流配送等。买卖双方只需通过简单的操作即可完成交易，大大提高了交易效率。

（3）商品种类丰富多样。

C2C平台上的商品种类繁多，从二手商品到个人创作、手工艺品等应有尽有。这种多样性满足了不同消费者的个性化需求。

（4）信用评价系统完善。

为了保障交易的真实性和可靠性，C2C电子商务平台普遍建立了完善的信用评价系统。通过对买卖双方的历史交易记录、用户评价等信息进行收集和分析，形成信用评分和信用等级体系，为交易双方提供参考依据。

（5）依赖第三方服务和物流体系。

C2C电子商务平台通常不直接参与交易过程中的商品配送和售后服务等环节，而是依赖第三方物流和售后服务提供商来完成这些工作。这有助于降低平台的运营成本并提高服务效率。

（三）C2C电子商务平台商家特性

（1）门槛相对较低。

与个人创业者和小微企业相比，入驻C2C电子商务平台开设店铺的门槛相对较低。商家只需按照平台要求完成注册和认证流程即可开始经营活动。

（2）自主经营灵活性强。

在C2C平台上，商家拥有高度的经营自主权。他们可以根据市场需求和自身资源情况灵活调整经营策略、商品种类和价格水平等。同时，平台提供的多样化营销工具和服务也为商家提供了更多拓展业务的可能性。

（3）竞争激烈但机会并存。

由于C2C电子商务平台上的商家数量众多且商品种类繁多，因此竞争非常激烈。然而，这也为商家提供了更多展示自己特色和优势的机会。通过提供优质的商品和服务、建立良好的品牌形象和口碑以及运用有效的营销策略等手段，商家可以在竞争激烈的市场中脱颖而出并取得成功。

（4）注重用户体验和服务质量。

在 C2C 电子商务平台上经营业务的商家普遍注重用户体验和服务质量。他们深知良好的用户体验和服务质量是吸引和留住客户的关键所在。因此，他们不断优化商品描述、提高物流配送速度、完善售后服务体系等措施以提升用户体验和服务质量水平。

四、O2O 电子商务平台

（一）主流 O2O 电子商务平台

随着互联网技术的不断发展和普及，O2O 电子商务平台已成为国内电商行业的一大趋势。O2O 模式通过线上与线下的深度融合，为用户提供了更加便捷、高效、个性化的消费体验。以下是当前国内主流的 O2O 电子商务平台概览。

（1）美团。

领域：作为国内领先的本地生活服务平台，美团覆盖餐饮、外卖、酒店旅游、休闲娱乐、丽人等多个领域，为用户提供一站式的生活服务解决方案。

特点：美团通过强大的线上平台与线下服务网络的紧密结合，实现了用户线上预订、线下体验的无缝对接。平台还利用大数据分析用户行为，提供个性化推荐服务，提升用户体验。

发展：美团持续拓展业务领域，加强技术创新和服务升级，巩固其在本地生活服务市场的领先地位。

（2）饿了么。

定位：饿了么是专注于餐饮外卖的 O2O 平台，为用户提供种类丰富的餐饮选择和快速便捷的配送服务。

优势：饿了么拥有庞大的餐饮商家资源和高效的物流体系，能够迅速响应用户需求，提供优质的餐饮外卖服务。

创新：平台不断推出新技术、新功能，如智能推荐、无人配送等，以提升服务效率和用户体验。

（3）携程旅行网。

领域：携程旅行网虽然以在线旅游服务起家，但其业务也深度涉及 O2O 模式，通过线上预订、线下体验的方式为用户提供酒店、机票、度假产品等全方位旅行服务。

特点：携程旅行网拥有全球范围内的酒店、机票等旅游资源，提供一站式旅游服务解决方案。同时，平台注重用户体验，提供个性化推荐、24 小时客服支持等贴心服务。

服务：携程旅行网还不断拓展新业务领域，如本地玩乐、门票预订等，以满足用户多样化的旅行需求。

(二) O2O 电子商务平台特点

(1) 线上线下融合。

O2O 平台的核心特点在于线上线下融合,消费者可以在线上平台浏览商品信息、下单购买,然后在线下实体店进行提货或体验服务。这种模式既节省了消费者的时间,又保证了商品的质量和服务。

(2) 地理位置服务。

O2O 平台通常会利用地理位置定位技术,为消费者提供附近的商家信息和优惠活动,方便消费者就近选择服务。

(3) 即时性体验。

与传统电商相比,O2O 平台更加注重服务的即时性体验。用户在线上完成预订后,可以快速获得线下服务,满足即时性需求。

(4) 精准营销与个性化推荐。

O2O 平台通过大数据分析用户行为和偏好,进行精准营销和个性化推荐,提高销售转化率和用户满意度。

(5) 多元化服务。

O2O 平台提供的服务种类繁多,涵盖餐饮、零售、医疗、旅游等多个领域,满足用户多样化的需求。

(三) O2O 电商平台商家特性

(1) 实体店铺基础。

参与 O2O 平台的商家通常拥有实体店铺基础,能够提供线下体验和服务。这是商家参与 O2O 平台的重要前提条件之一。

(2) 注重用户体验。

为了吸引和留住用户,O2O 平台上的商家普遍注重用户体验。他们通过提供优质的服务、舒适的消费环境、灵活的退换货政策等手段,提升用户满意度和忠诚度。

(3) 灵活应对市场变化。

在竞争激烈的 O2O 市场中,商家需要灵活应对市场变化,及时调整经营策略和服务方式。他们关注用户需求变化、竞品动态和行业趋势等信息,以便快速做出反应并抓住市场机遇。

(4) 利用平台资源拓展业务。

O2O 平台为商家提供了丰富的资源和机会,如用户流量、数据分析、营销推广等。商家可以利用这些资源拓展业务渠道、提升品牌知名度并吸引更多潜在用户。同时,他们还可以与平台合作开展联合营销活动或定制专属服务方案等合作形式来进一步提升业务效果和市场竞争力。

(5) 注重口碑和品牌建设。

良好的口碑和品牌形象是商家在 O2O 平台上获得成功的关键所在。商家需要通过提供优质的商品和服务、积极回应用户反馈等方式来维护自身口碑和品牌形象。同时,他们还可以利用社交媒体等渠道进行品牌传播和推广,以吸引更多潜在用户的关注和信任。

五、社交电子商务平台

(一)主流社交电子商务平台

社交类电子商务平台,结合了社交网络和电子商务的特点,通过用户之间的社交互动来推动商品或服务的销售。在中国,随着移动互联网的普及和社交媒体的兴起,社交电商迅速崛起并成为一种新型的商业模式。下文将按照市场份额和用户份额,对国内主流的社交类电子商务平台进行介绍和分析。

(1)拼多多。

拼多多作为国内社交电商的佼佼者,通过创新的社交拼团模式,迅速积累了大量用户。其以低价、团购为特色,吸引了众多追求性价比的消费者。同时,拼多多还通过丰富的社交互动功能,如分享、助力等,增强了用户的参与感和黏性。凭借其强大的用户基础和活跃的社交氛围,拼多多在社交电商领域占据了重要地位。

(2)微信小程序电商。

微信小程序作为腾讯旗下的重要社交平台,为电商提供了便捷的入口和丰富的社交功能。众多商家通过微信小程序开设自己的电商店铺,利用微信的庞大用户基础和社交属性,进行商品推广和销售。微信小程序电商以其便捷性、社交性和个性化推荐等特点,受到了消费者的广泛欢迎。

(3)抖音电商。

抖音作为国内领先的短视频社交平台,近年来在电商领域也取得了显著进展。抖音电商通过短视频和直播的形式,为商家提供了直观、生动的商品展示方式。同时,借助抖音强大的算法推荐和社交互动功能,商家能够精准触达目标用户,提高销售转化率。抖音电商的崛起,为社交电商领域注入了新的活力。

(4)快手电商。

快手电商是快手旗下的社交电商平台,通过短视频和直播的形式,为消费者提供丰富的商品选择和便捷的购物体验。快手电商注重用户体验和商品品质,致力打造一个可信赖的社交购物环境。凭借其强大的用户基础和优质的社交电商服务,快手电商在市场中占据了重要地位。

除了上述平台,国内社交电商市场还存在众多其他主流平台,如小红书、蘑菇街等。这些平台各具特色,分别在不同的用户群体或细分领域中占有一定的市场份额。例如,小红书以内容分享和社区互动为特色,吸引了大量年轻女性用户;蘑菇街则专注于时尚女装领域,为消费者提供个性化的购物体验。

需要注意的是,由于社交电商市场的快速发展和变化,具体的市场份额和用户份额数据会随时间和市场状况而有所变动。

(二)社交电子商务平台特点

国内主流的社交类电子商务平台,以其独特的模式和特点在电商行业中脱颖而出。

这些平台不仅融合了电子商务的商品交易功能，还深度结合了社交媒体的互动属性，形成了以下显著特点：

（1）强社交互动性。

社交类电商平台的核心优势在于其强大的社交互动性。用户可以在平台上自由交流购物心得、分享商品评价，甚至通过社交关系链进行商品推广和分享。这种社交互动不仅增强了用户的参与感和黏性，还通过口碑传播效应有效提升了商品的曝光度和销量。

（2）内容驱动营销。

这类平台注重内容营销，鼓励商家和创作者生产高质量的内容来吸引用户关注。短视频、直播、图文等形式的内容成为商品展示和销售的重要载体。通过有趣、有料的内容，商家能够更精准地触达目标用户群体，实现高效转化。

（3）个性化推荐与精准营销。

利用大数据和人工智能技术，社交类电商平台能够深入分析用户行为，构建用户画像，从而实现个性化的商品推荐和精准营销。这种基于用户偏好的推荐机制，大大提高了用户的购物体验和满意度。

（4）用户黏性与忠诚度。

社交属性使得用户更容易在平台上形成稳定的社交圈子，从而增强了用户的黏性和忠诚度。用户不仅会因为商品本身而留在平台，还会因为平台上的社交关系和互动体验而不愿离开。

（5）低成本高效传播。

相较于传统电商平台的广告推广方式，社交类电商平台通过用户自发的分享和传播，实现了低成本的商品推广。这种基于社交网络的裂变式传播方式，使得商品信息能够迅速覆盖更广泛的用户群体。

（三）社交电商平台商家特性

在社交类电商平台上经营的商家，也展现出了一系列独特的特性。

（1）内容营销能力。

成功的商家通常具备较强的内容营销能力，能够制作出吸引用户眼球的短视频、直播或图文内容。这些内容不仅展示了商品的特点和优势，还激发了用户的购买欲望。

（2）社交互动意识。

商家需要具备高度的社交互动意识，积极回应用户评论、参与社群讨论，与用户建立良好的互动关系。这种互动不仅增强了用户的信任感，还促进了商品的口碑传播。

（3）灵活应变与创新。

社交类电商平台的市场竞争非常激烈，商家需要具备灵活应变的能力，根据市场变化和用户需求及时调整经营策略。同时，商家还需要不断创新，尝试新的营销方式和商品组合，以吸引更多用户。

（4）品牌建设与口碑管理。

商家需要注重品牌建设和口碑管理，通过提供优质的商品和服务来树立品牌形象。

同时，商家还需要积极处理用户反馈和投诉，维护良好的口碑和用户信任度。

（5）数据驱动决策。

在社交类电商平台上，数据驱动决策成为商家经营的重要趋势。商家需要充分利用平台提供的数据分析工具，深入了解用户行为和市场趋势，为经营决策提供有力支持。

任务三　电子商务平台选择的关键因素

一、目标市场与用户需求分析

在电子商务平台的选择过程中，深入洞察市场及竞争环境是至关重要的一步。下文将详细阐述如何通过市场与竞争环境分析，为电商平台的成功奠定坚实基础。

（一）市场分析：把握趋势，明确方向

市场分析是电商平台选择的起点，旨在帮助企业了解目标市场的规模、增长趋势、消费者需求以及潜在的市场机会。

（1）市场规模与增长：通过收集行业报告、市场调研数据，分析目标市场的整体规模及近年来的增长趋势，判断市场潜力。

（2）消费者需求：利用问卷调查、社交媒体分析等手段，深入了解目标消费者的需求、偏好及购买行为，为产品定位和营销策略提供依据。

（3）市场趋势：关注行业动态、技术创新及政策变化，把握市场发展趋势，确保电商平台能够顺应时代潮流。

（二）竞争环境分析：知己知彼，百战不殆

竞争环境分析旨在评估电商平台在市场中的竞争地位，识别竞争对手的优势与劣势，为制定差异化竞争策略提供依据。

（1）竞争对手识别：通过市场调研、行业报告等途径，列出主要竞争对手，包括直接竞争对手和间接竞争对手。

（2）竞争对手分析：对竞争对手的产品、价格、渠道、营销策略等进行深入分析，了解其市场占有率、品牌影响力及客户满意度等。

（3）SWOT分析：结合企业自身资源、能力，进行优势（Strengths）、劣势（Weaknesses）、机会（Opportunities）和威胁（Threats）的综合分析，明确企业在竞争中的定位。

（三）市场细分与目标市场选择

基于市场与竞争环境分析，企业应进行市场细分，选择具有潜力的目标市场，以集中资源，实现精准营销。

（1）市场细分：根据消费者需求、购买行为及地理位置等因素，将市场划分为不同的细分市场。

（2）目标市场选择：评估各细分市场的吸引力及企业自身的竞争优势，选择最符合企业战略目标和资源条件的目标市场。

（四）市场定位与差异化策略

明确的市场定位和差异化策略是电商平台在竞争中脱颖而出的关键。

（1）市场定位：根据目标市场的需求和竞争环境，确定电商平台在市场中的位置，如高端市场、中低端市场或特定细分市场。

（2）差异化策略：通过产品创新、服务优化、品牌塑造等手段，实现与竞争对手的差异化，提升消费者认知度和忠诚度。

市场与竞争环境分析是电子商务平台选择过程中不可或缺的一环。通过深入的市场分析，企业能够把握市场趋势，了解消费者需求；通过竞争环境分析，企业能够明确自身在竞争中的地位，制定有效的竞争策略；通过市场细分和目标市场选择，企业能够集中资源，实现精准营销；通过明确的市场定位和差异化策略，企业能够在竞争中脱颖而出，实现可持续发展。因此，在选择电子商务平台之前，企业务必进行充分的市场与竞争环境分析，为平台的成功奠定坚实基础。

二、精准定位

在电子商务领域，精准定位是平台成功的关键，以确保电子商务平台能够在激烈的市场竞争中脱颖而出。

（一）市场定位：明确方向，聚焦目标

市场定位是指企业根据目标市场的需求和竞争环境，为自身的产品或服务确定一个独特、清晰的位置。对于电子商务平台而言，市场定位是制定营销策略、吸引目标用户的基础。

（1）确定目标市场：基于市场分析，明确电子商务平台的目标市场，包括用户群体、地域范围、消费能力等。

（2）分析竞争环境：了解竞争对手的市场定位，找出差异化的市场空白点，为自身平台创造独特的竞争优势。

（3）明确价值主张：根据目标市场的需求和竞争环境，确定电子商务平台的核心价值主张，即平台能够为用户提供的独特价值。

（二）店铺定位：塑造形象，提升竞争力

店铺定位是指在电子商务平台内部，为各个店铺或品牌确定一个清晰、独特的定位。店铺定位是吸引用户、提升销售额的关键。

（1）明确店铺特色：根据目标用户和市场需求，确定店铺的特色和风格，如产品品

类、价格区间、设计风格等。

（2）塑造品牌形象：通过店铺名称、LOGO、装修风格等元素，塑造独特的品牌形象，提升用户对店铺的认知度和信任度。

（3）优化商品结构：根据店铺定位和目标用户，优化商品结构，确保商品品类、价格、品质等符合用户需求。

（三）实现精准定位的策略

差异化策略：通过独特的价值主张、店铺特色或商品结构，与竞争对手形成差异，吸引目标用户。

（1）用户画像构建：深入了解目标用户的需求、偏好和购买行为，构建用户画像，为精准定位提供数据支持。

（2）持续优化与创新：根据市场变化和用户反馈，不断优化和调整市场定位与店铺定位，保持平台的竞争力和吸引力。

（四）精准定位的挑战与对策

尽管精准定位对于电子商务平台的成功至关重要，但在实际操作中，企业往往会面临一系列挑战。本节将探讨这些挑战，并提出相应的对策。

（1）市场变化快速。

电子商务市场变化迅速，消费者需求、竞争对手策略以及技术革新都可能对市场定位产生影响。为应对这一挑战，企业需要：

持续监测市场：建立市场监测机制，定期收集和分析市场数据，及时了解市场变化。

灵活调整策略：根据市场变化，灵活调整市场定位和店铺定位，保持与市场的同步。

（2）用户需求多样化。

电子商务平台面向的用户群体广泛，用户需求多样化。为满足不同用户的需求，企业需要：

细分用户群体：通过用户画像、数据分析等手段，细分用户群体，了解不同用户的需求和偏好。

提供个性化服务：根据用户需求和偏好，提供个性化的产品推荐、购物体验和服务，提高用户满意度。

（3）竞争对手众多。

电子商务市场竞争激烈，竞争对手众多。为在竞争中脱颖而出，企业需要：

差异化竞争：通过独特的价值主张、店铺特色或商品结构，与竞争对手形成差异。

加强品牌建设：提升品牌形象和知名度，增强用户对平台的信任和忠诚度。

（4）数据驱动决策。

精准定位需要依赖大量的数据和分析。为确保决策的准确性，企业需要：

建立完善的数据体系：收集和分析用户行为、交易数据等多维度数据，为精准定位提供数据支持。

运用数据分析工具：利用数据分析工具和方法，对数据进行深入挖掘和分析，发现市场机会和潜在风险。

（5）精准定位的未来趋势。

随着电子商务的不断发展，精准定位也将呈现出一些新的趋势。这些趋势包括：

智能化定位：利用人工智能、机器学习等技术，实现更精准的用户画像构建和市场定位。

社交化定位：结合社交媒体等社交平台，通过用户互动、社交关系等数据，实现更精准的店铺定位和产品推荐。

场景化定位：根据用户的不同场景和需求，提供定制化的产品和服务，实现更精准的场景化定位。

精准定位是电子商务平台成功的关键所在。通过明确的市场定位和店铺定位，企业能够聚焦目标用户，提供符合用户需求的产品和服务。然而，在实际操作中，企业会面临市场变化快速、用户需求多样化、竞争对手众多等挑战。为应对这些挑战，企业需要持续监测市场、细分用户群体、差异化竞争、加强品牌建设，并依赖数据驱动决策。同时，企业还应关注精准定位的未来趋势，如智能化定位、社交化定位和场景化定位，以保持与市场的同步和领先地位。

三、确定产品策略

在电子商务平台的运营中，产品策略是连接市场需求与企业供给的桥梁，是平台成功的核心要素之一。确定有效的产品策略，以满足用户需求，提升平台竞争力，并实现商业目标。

（一）产品策略的重要性

产品策略是电子商务平台制定营销计划、规划价格体系、策划推广活动等的基础。一个清晰、有吸引力的产品策略能够帮助平台在众多竞争者中脱颖而出，吸引并留住用户，从而实现持续增长。

（二）确定产品策略的步骤

（1）市场调研与需求分析。

用户调研：通过问卷调查、访谈、社交媒体分析等方式，深入了解目标用户的需求、偏好和购买习惯。

竞品分析：研究竞争对手的产品线、价格策略、市场反馈等，找出市场空白点和差异化机会。

趋势预测：关注行业趋势、技术革新和消费者行为变化，预测未来市场的发展方向。

（2）产品定位与规划。

明确产品定位：根据市场调研结果，确定产品的目标市场、用户群体和核心价值。

产品线规划：根据产品定位，规划产品线的宽度（产品种类）和深度（产品型号或规格）。

产品生命周期管理：制定产品引入、成长、成熟和衰退各阶段的管理策略，确保产品线的持续优化和更新。

（3）产品差异化与创新。

差异化策略：通过产品设计、功能、品质、服务等方面的差异化，提升产品的市场竞争力。

创新策略：鼓励产品创新，包括技术创新、设计创新、用户体验创新等，以满足用户不断变化的需求。

（4）定价策略。

成本导向定价：基于产品成本和市场接受度，制定合理的价格。

竞争导向定价：参考竞争对手的价格，结合自身产品优势，制定具有竞争力的价格。

价值导向定价：根据产品为用户带来的价值，制定能够反映产品价值的价格。

（5）产品推广与营销。

制定推广计划：结合产品特点和目标用户，制定有效的推广计划，包括广告投放、社交媒体营销、内容营销等。

建立营销合作：与合作伙伴、意见领袖等建立合作关系，共同推广产品，扩大市场影响力。

（三）产品策略的调整与优化

市场反馈收集：定期收集用户反馈和市场数据，了解产品性能和市场表现。

策略评估与调整：根据市场反馈和数据分析结果，评估产品策略的有效性，并进行必要的调整和优化。

（四）产品策略与品牌建设

产品策略与品牌建设紧密相连，一个成功的产品策略能够为品牌建设提供坚实的基础。以下是如何通过产品策略加强品牌建设的几个关键点：

（1）一致性。

确保产品策略与品牌形象、品牌价值观保持一致。这样，用户在接触产品时，能够感受到品牌的独特性和一致性，从而增强对品牌的认知和信任。

（2）品质保证。

产品品质是品牌建设的基石。通过严格的质量控制和高品质的产品，企业能够树立可靠、专业的品牌形象，赢得用户的信赖和口碑。

（3）创新引领。

持续的产品创新能够展现品牌的活力和前瞻性。通过不断推出新产品、新功能或改进现有产品，企业能够保持在市场中的领先地位，并吸引追求新鲜感和创新的用户。

（五）产品策略与用户体验

在电子商务平台上，用户体验是产品策略成功与否的关键因素之一。以下是如何通

过产品策略提升用户体验的几个方面:

(1)用户友好设计:确保产品界面简洁明了,易于导航和使用。通过优化用户流程、提供清晰的指示和反馈,降低用户的学习成本和使用难度。

(2)个性化定制:根据用户的偏好和历史行为,提供个性化的产品推荐和购物体验。这能够增加用户的满意度和忠诚度,提升购物转化率。

(3)售后服务支持:建立完善的售后服务体系,及时解决用户在使用过程中遇到的问题。通过提供优质的客户服务,企业能够增强用户的信任感和满意度,进而促进口碑传播。

(六)产品策略的持续优化与创新

电子商务市场瞬息万变,产品策略需要不断适应市场变化和用户需求的变化。以下是一些建议,以帮助企业持续优化和创新产品策略:

持续学习:密切关注行业动态、竞争对手的动向以及用户反馈,不断学习新的市场趋势和用户需求,为产品策略的调整提供依据。

敏捷迭代:采用敏捷开发的方法,快速迭代产品功能和设计。通过小步快跑的方式,不断试错和调整,以找到最佳的产品策略。

跨界合作:与其他行业或领域的合作伙伴进行跨界合作,共同开发新产品或服务。这能够为企业带来新的灵感和创意,拓展产品的应用场景和市场空间。

通过市场调研与需求分析、产品定位与规划、产品差异化与创新、定价策略以及产品推广与营销等步骤,企业可以制定出符合市场需求和用户期望的产品策略。同时,企业还需要关注产品策略与品牌建设、用户体验的关联,并持续优化和创新产品策略,以适应市场的变化和满足用户不断变化的需求。掌握制定和优化产品策略的核心要点和实践方法,可以为电子商务平台的成功运营提供有力支持。

四、平台功能与服务比较

在电子商务日益繁荣的今天,选择一个合适的电子商务平台对于企业的成功至关重要。"平台功能与服务比较"旨在帮助企业全面理解并评估不同平台在功能与服务上的优劣,以便做出更加明智的决策。

(一)平台功能深度剖析

(1)商品管理与展示。

商品信息编辑:比较各平台在商品描述、价格设置、SKU管理等方面的灵活性和易用性。SKU,即 Stock Keeping Unit,最小存货单位,是电商领域中的一个重要概念,用于标识和管理商品的最小单位。它通过唯一的编码系统,帮助商家区分不同属性组合的商品,例如颜色、尺寸、款式等。

多媒体内容支持:评估平台对高质量图片、视频、3D模型等多媒体内容的支持程度,以及这些内容如何增强购物体验。

个性化推荐系统：分析平台是否提供基于用户行为的个性化商品推荐功能，以及该功能的有效性。

（2）订单处理与支付优化。

订单管理流程：详细对比各平台的订单处理速度、自动化程度及异常处理能力。

支付多样化：列举并比较平台支持的国内外支付方式，包括信用卡、电子钱包、银行转账等，以及跨境支付解决方案。

安全与合规性：强调支付过程中的数据加密、反欺诈措施及遵守PCI DSS（Payment Card Industry Data Security Standard，支付卡行业数据安全标准）等支付行业标准的情况。

（3）营销与推广策略。

内置营销工具：分析各平台提供的促销活动模板、邮件营销、社交媒体推广等工具的丰富度和实用性。

数据分析驱动营销：探讨平台如何利用用户行为数据来指导精准营销，如A/B测试、客户细分等。

合作伙伴网络：评估平台与第三方营销服务提供商的集成能力，如广告平台、CRM系统等。CRM，即Customer Relationship Management，客户关系管理，是一种以客户为中心的管理理念和技术工具。它通过整合客户数据、销售流程、市场营销活动和售后服务，帮助企业更好地了解客户需求、优化客户体验并提升客户忠诚度。

（4）数据分析与决策支持。

实时数据监控：对比平台提供的实时销售、库存、流量等数据监控功能。

高级分析功能：比较各平台在客户行为分析、销售预测、库存优化等方面的高级分析能力。

定制化报告：评估平台是否支持自定义报告生成，以及报告的可视化和易用性。

（5）客户服务与售后体系。

自助服务：分析平台提供的商家帮助中心等功能的完善程度。

人工客服支持：比较各平台的客服响应时间、问题解决效率及多语言支持能力。

售后政策：探讨平台对退换货、投诉处理、消费者保护等售后政策的执行情况。

（二）服务全面对比

（1）技术支持与培训资源。

技术支持体系：评估平台的技术支持团队规模、响应速度及解决问题的能力。

培训与教育：比较各平台提供的在线课程、操作手册、社区论坛等培训资源的丰富度和实用性。

（2）费用透明度与成本控制。

费用结构详解：详细列出各平台的入驻费、交易佣金、广告费、增值服务费等，并分析其合理性。

隐藏成本揭示：提醒企业注意可能存在的额外费用，如数据迁移费、API（Application Programming Interface，应用程序编程接口）调用费等。

成本控制策略：提供基于平台费用的成本控制建议，如优化广告投入、提高转化率等。

（3）安全合规与数据保护。

数据安全措施：分析平台的数据加密、访问控制、备份恢复等安全措施。

隐私政策与合规性：平台需同时满足国际标准认证（如 PCI DSS 确保支付安全、ISO/IEC 27001 规范信息管理、GDPR/CCPA 适配跨境隐私）与国内法律法规要求（《中华人民共和国数据安全法》《中华人民共和国个人信息保护法》及"等保三级"认证），并建立多层次技术防护体系，涵盖数据传输加密（SSL/TLS）、存储加密（AES-256）、动态脱敏及精细化权限控制。跨境业务需额外支持数据本地化存储与多国隐私政策兼容性，同时通过定期漏洞扫描、7×24 小时监控及应急响应机制，实现风险全周期管控。企业应优先选择兼具技术防御能力、权威合规背书与全球化隐私适配能力的平台，以平衡业务拓展需求与法律及安全风险。GDPR（General Data Protection Regulation，《通用数据保护条例》）、CCPA（California Consumer Privacy Act，《加州消费者隐私法案》）

风险管理与应对：探讨平台在应对数据泄露、网络攻击等风险时的应急响应机制。

（4）可扩展性与定制化需求。

API 接口与插件市场：分析平台提供的 API 接口数量、质量及插件市场的丰富度。

定制化开发支持：评估平台是否支持企业根据自身需求进行定制化开发，以及相关的开发文档和工具。

未来升级路径：探讨平台的技术架构、更新频率及对未来技术趋势的适应性。

（5）社区生态与合作伙伴关系。

商家社区活跃度：分析平台商家社区的规模、活跃度及资源共享程度。

合作伙伴网络：评估平台与物流、支付、营销等服务商的合作关系及提供的集成解决方案。

生态创新能力：探讨平台如何促进商家间的合作与创新，以及平台自身的创新能力和发展速度。

（三）案例分析与最佳实践

（1）选取不同行业、不同规模的商家案例，深入分析他们在选择平台、利用平台功能与服务方面的成功经验与教训。

（2）提供针对特定场景（如新品上市、节日促销、跨境电商等）的平台功能与服务应用策略。

（3）强调持续学习与适应变化的重要性，鼓励企业根据市场反馈和技术进步不断调整平台使用策略。

总结与建议：

（1）汇总平台功能与服务比较的关键发现，选择平台时应综合考虑多个维度。

（2）根据不同企业的特点和目标市场，提出具体的平台选择建议，强调匹配度与长期发展的平衡。

五、成本与收益评估

（一）成本构成分析

（1）直接成本。

入驻费用：各平台收取的一次性入驻费用或年费，及其与平台服务水平的关联。

交易佣金：比较不同平台对每笔交易收取的佣金比例，以及是否有阶梯式佣金结构。

广告与推广费用：分析平台内广告投放的成本，包括 CPC（每次点击成本）、CPM（每千次展示成本）等模式。

技术服务费：评估使用平台提供的高级技术服务（如 API 接口、数据分析工具）所需支付的费用。

（2）间接成本。

运营与维护成本：考虑店铺装修、商品拍摄、内容创作等日常运营所需的资源投入。

物流与仓储成本：分析不同平台对物流合作的要求及可能产生的额外费用，如仓储费、配送费等。

客户服务成本：评估处理客户投诉、退换货等售后服务所需的人力与物力成本。

学习与培训成本：考虑员工适应新平台、学习新技能所需的时间与金钱投入。

（3）潜在成本。

数据迁移与集成成本：当从旧平台迁移至新平台时，可能产生的数据迁移费用及系统集成成本。

机会成本：因选择不当平台而错失的市场机会、客户流失等潜在损失。

（二）收益来源与预测

（1）销售收入。

基础销售：基于平台流量、用户基数及商品竞争力，预测基础销售收入。

促销活动收益：分析参与平台促销活动（如双 11、618 大促）可能带来的销售增长。

（2）品牌价值提升。

品牌曝光：评估平台对提升品牌知名度、形象塑造的贡献。

客户忠诚度：通过平台提供的会员体系、积分奖励等机制，增强客户黏性，促进复购。

（3）市场拓展。

新市场进入：利用平台的地域覆盖、跨境电商服务，开拓国内外新市场。

渠道多样化：通过多平台布局，实现销售渠道的多样化，降低单一渠道风险。

（4）数据资产积累。

用户数据：收集并分析用户行为数据，为精准营销、产品优化提供依据。

运营数据：利用平台提供的销售、库存等数据，优化供应链管理，提高运营效率。

（三）成本效益分析

（1）ROI（投资回报率）计算。

结合直接成本、间接成本及预期收益，计算不同平台上的投资回报率，评估哪个平台能带来更高的经济效益。

（2）盈亏平衡点分析。

确定在不同销量水平下，各平台的盈亏平衡点，帮助企业制定合理的销售目标与成本控制策略。

（3）敏感性分析。

分析成本（如广告费用、物流成本）或收益（如销售价格、销量）变动对整体成本效益的影响，评估风险承受能力。

（四）长期价值与战略考量

（1）平台成长性。

评估平台的用户增长趋势、技术创新能力及市场扩张计划，判断其长期发展潜力。

（2）生态系统协同。

考虑平台与自身业务生态系统的契合度，如能否与现有系统无缝对接，促进资源共享与协同。

（3）战略灵活性。

分析平台合同条款、退出机制等，确保企业在市场变化或战略调整时能保持足够的灵活性。

总结与建议：

（1）汇总成本与收益评估的关键发现，在选择平台时需综合考虑成本效益比、长期价值及战略契合度。

（2）根据企业实际情况，提出具体的成本控制策略、收益优化建议及风险管理措施。

（3）鼓励企业采取动态评估机制，定期回顾平台表现，及时调整策略以适应市场变化。

六、竞争环境分析

（一）行业背景与市场竞争格局

（1）行业发展趋势。

分析当前电子商务行业的整体发展趋势，包括技术革新、消费者行为变化、政策导向等。

预测未来几年内行业的发展方向和潜在增长点。

（2）市场竞争格局。

描绘当前电子商务市场的竞争格局，包括主要竞争对手、市场份额分布、市场集中度等。

识别市场中的领导者、挑战者、追随者和细分市场专业户。

（二）竞争对手分析

（1）主要竞争对手概述。

列出并简要介绍主要竞争对手,包括其背景、业务模式、核心优势等。

(2)竞争对手策略分析。

分析竞争对手的市场定位、产品策略、价格策略、推广策略等。

评估竞争对手的强项和弱项,以及可能对市场造成的影响。

(3)竞争对手反应预测。

预测竞争对手对新进入者、市场变化或新技术应用的反应模式和可能采取的行动。

(三)市场机会与威胁识别

(1)市场机会。

识别市场中未被充分满足的需求或新兴趋势,分析这些机会如何转化为企业的增长点。

评估企业自身资源与能力与市场机会的匹配度。

(2)市场威胁。

分析市场中可能对企业造成不利影响的因素,如新竞争对手的加入、政策变化、消费者偏好的转变等。

评估威胁的严重性和紧迫性,以及企业应对这些威胁的能力。

(四)SWOT分析

优势(Strengths):

列出企业在电子商务领域中的核心优势,如品牌知名度、技术实力、供应链管理等。

劣势(Weaknesses):

识别企业在电子商务运营中的不足之处,如缺乏相关经验、资源有限、技术落后等。

机会(Opportunities):

结合市场机会分析,明确企业可以利用的外部机会。

威胁(Threats):

汇总市场威胁分析,明确企业需要应对的外部挑战。

(五)竞争策略制定

(1)差异化策略。

分析如何通过产品、服务、品牌形象等方面的差异化来区别于竞争对手,满足特定消费者群体的需求。

(2)成本领先策略。

探讨如何通过优化供应链、提高运营效率等方式降低成本,从而在价格上获得竞争优势。

(3)集中化策略。

分析是否选择特定细分市场或消费者群体作为目标市场,集中资源在该领域内建立竞争优势。

（4）合作与联盟策略。

考虑与其他企业、平台或机构建立合作关系，共同开发市场、分享资源、降低风险。

总结与建议：

（1）汇总竞争环境分析的关键发现，在选择电子商务平台时需综合考虑市场竞争格局、竞争对手策略、市场机会与威胁等因素。

（2）根据企业自身情况和竞争环境，提出具体的竞争策略建议，以指导企业在电子商务领域中的决策和行动。

（3）强调持续监测市场变化、竞争对手动态和消费者需求的重要性，以便及时调整竞争策略。

任务四　电子商务平台入驻流程与运营要点

一、平台的注册与认证

（一）深入了解与选择电子商务平台

在电子商务领域，平台的选择至关重要，它直接影响商家的市场覆盖范围、品牌曝光度以及销售业绩。因此，在决定入驻之前，商家应做好以下工作：

（1）市场调研：分析不同平台的用户画像、流量分布、商品类别偏好等，选择与自身产品或服务相匹配的平台。

（2）平台对比：比较各平台的费用结构（如佣金、广告费、技术服务费等）、支持的服务（如物流配送、营销推广工具、数据分析等）以及用户评价。

（3）政策与规则：详细阅读并理解平台的入驻政策、运营规则、售后服务要求等，确保自身能够遵守并适应平台环境。

（二）精心准备入驻所需资料

为了确保入驻申请的顺利进行，商家需提前准备并整理好以下资料：

（1）企业资质证明：包括但不限于营业执照、税务登记证、组织机构代码证（或统一社会信用代码证）、开户许可证等，确保所有证件均在有效期内且信息一致。

（2）商品信息展示：准备商品的高清图片、详细描述、价格策略、库存量等信息，同时考虑制作商品视频以增强吸引力。对于特殊类别商品，如食品、化妆品等，还需提供相应的质量检测报告或安全认证。

（3）品牌授权文件：若销售的是品牌商品，必须提供品牌方的正式授权书，明确授权范围、期限及授权产品的详细信息。

（4）其他辅助材料：根据平台要求，可能还需要提供商标注册证、专利证书、特殊行业许可证（如食品经营许可证、医疗器械经营许可证等）等。

（三）注册账号与提交入驻申请

1. 访问平台官网并注册

进入所选电子商务平台的官方网站，找到"商家入驻"或"招商合作"页面，按照提示填写企业基本信息，完成账号注册。注册过程中，需确保提供的邮箱、联系电话等联系方式真实有效，以便后续沟通。（如图 3-1 所示）

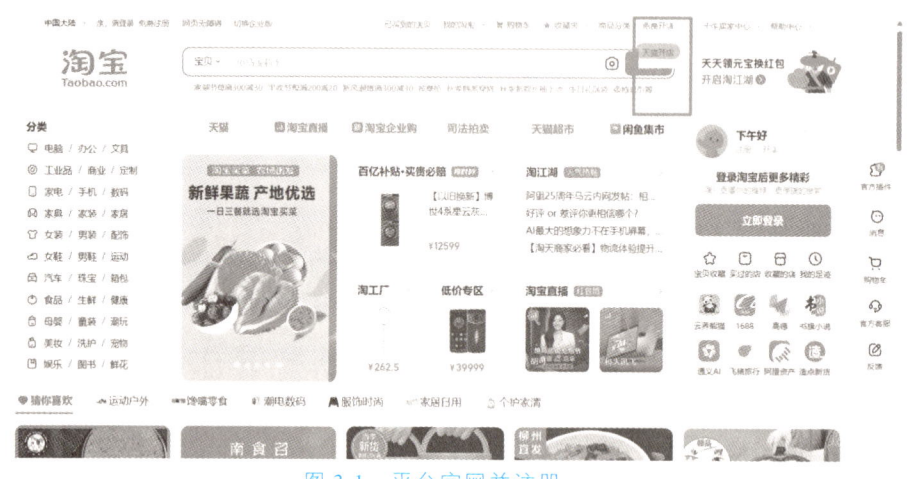

图 3-1　平台官网并注册

2. 完善商家信息

注册成功后，登录商家后台，根据平台要求完善企业信息、联系人信息、银行账户信息等，确保信息的准确性和完整性。

3. 提交入驻申请

在商家后台的入驻申请页面，按照平台指引填写入驻申请表，上传准备好的入驻资料。在提交前，务必仔细核对所有信息，确保无误。（如图 3-2 所示）

图 3-2　商家入驻

4. 等待平台审核与沟通

提交入驻申请后，平台会对商家提交的资料进行全面而严格的审核。审核周期因平台而异，商家应做好以下工作：

（1）保持沟通畅通：确保提供的联系方式畅通无阻，以便及时接收平台的审核通知、补充资料要求或疑问。

（2）积极响应平台：若平台要求补充资料或提出疑问，商家应尽快响应并提供所需信息，以加快审核进程。

（3）了解审核进度：部分平台提供查询审核进度的功能，商家可定期查看以了解申请状态。

5. 审核通过后签署入驻协议

（1）接收审核结果通知。

平台完成审核后，会通过邮件、短信、站内通知或电话等方式告知商家审核结果。若审核通过，商家将收到正式的入驻邀请及后续操作指南。

（2）仔细阅读入驻协议。

商家应认真阅读平台提供的入驻协议，了解并同意其中的条款与条件，特别是关于费用、服务、违约责任等方面的内容。

（3）正式签署协议。

按照平台要求，通过电子签名、邮寄纸质协议或其他方式完成协议的签署。签署前，建议商家咨询法律专业人士，确保自身权益得到保障。

（4）完成入驻流程。

协议签署完毕后，商家需按照平台指引完成店铺的搭建、商品上架、支付与物流接口设置等后续工作，正式开启电子商务之旅。

作为电子商务活动的起点，成功入驻平台是商家开展线上业务的关键一步。因此，商家应充分了解平台政策与规则，精心准备入驻资料，保持与平台的良好沟通，确保信息的真实性与完整性，为后续的店铺运营打下坚实基础。

二、店铺搭建与装修

（一）设置店铺基本信息

在成功入驻电子商务平台后，商家首要的任务是完善店铺的基本信息，以树立品牌形象，吸引顾客关注。这包括：

（1）店铺名称：选择一个简洁、易记且能体现品牌特色或产品特点的店铺名称，有助于提升店铺的辨识度和记忆点。

（2）LOGO设计：LOGO是店铺的视觉标识，应设计得既符合品牌调性，又能在众多店铺中脱颖而出。建议采用高清、矢量格式的图片，以确保在不同设备和屏幕尺寸上都能清晰展示。

（3）店铺简介：用精炼的语言概述店铺的经营理念、产品特色、服务承诺等，让顾客快速了解店铺并产生信任感。同时，可适当加入关键词，提高店铺在平台搜索中的排名。

（二）店铺页面设计与装修

（1）店铺页面的设计与装修是提升顾客购物体验、展现品牌风格的重要环节。商家应：

确定整体风格：根据目标顾客群体的喜好和品牌定位，选择合适的色彩搭配、字体风格和布局结构，营造统一且吸引人的视觉效果。

优化导航结构：设计清晰、合理的导航菜单，确保顾客能够轻松找到所需商品或信息。同时，可利用面包屑导航、搜索框等工具，提升用户浏览的便捷性。

丰富页面内容：除商品展示外，还可添加品牌故事、产品使用教程、顾客评价等内容，增加店铺的吸引力和互动性。

注重细节处理：如图片质量、加载速度、按钮响应等，都会影响顾客的购物体验。因此，商家应确保所有元素都经过精心设计和优化。

（2）商家在设计和装修店铺页面时，应进一步考虑以下方面：

响应式设计：确保店铺页面能够在不同设备和屏幕尺寸上都能良好地展示，包括手机、平板和电脑等。这有助于提升顾客在不同场景下的购物体验。

页面加载速度：优化店铺页面的加载速度，避免顾客因等待时间过长而流失。可以通过压缩图片、减少不必要的代码和脚本等方式来提高页面加载速度。

个性化定制：根据品牌特色和目标顾客群体的喜好，进行个性化的页面定制。例如，可以添加独特的背景、图标、动画等元素，以营造独特的购物氛围。

购物流程优化：确保购物流程简洁明了，减少顾客在购物过程中的障碍。例如，可以优化购物车、结算页面等关键环节的设计，提高顾客的购买转化率。

客户服务与沟通：在店铺页面中设置明显的客户服务入口，如在线客服、联系电话、邮箱等，方便顾客随时咨询和反馈。同时，可以添加常见问题解答、购物指南等内容，帮助顾客解决购物过程中的疑问。

（三）商品信息上传与分类

（1）商品信息上传。

商品信息是店铺的核心内容，直接关系到顾客的购买决策。商家在上传商品时，应：

准确填写商品信息：包括商品标题、描述、价格、库存量、规格参数等，确保信息的真实性和准确性。同时，可利用关键词优化标题和描述，提高商品在搜索结果中的曝光率。

上传高质量图片：商品图片应清晰、美观，能够真实反映商品的外观和细节。建议采用多角度、多场景的图片展示，以便顾客更好地了解商品。

合理分类商品：根据商品的属性、用途或品牌等因素，将商品进行合理的分类和归组。这有助于顾客快速找到所需商品，提高购物效率。

设置商品推荐与关联：可利用平台的推荐系统或手动设置关联商品，引导顾客发现更多相关或互补的商品，增加购买机会。

（2）店铺装修的持续优化。

店铺装修并非一劳永逸，商家需要定期对店铺页面进行检查和优化，以适应市场变化和顾客需求的变化。以下是一些建议：

定期更新设计：根据季节变化、节日促销或新品上市等情况，定期更新店铺页面的设计和内容，保持店铺的新鲜感和吸引力。

分析顾客行为：利用平台提供的数据分析工具，分析顾客的浏览、购买和反馈行为，了解顾客的需求和偏好，从而有针对性地进行店铺优化。

关注竞争对手：定期关注竞争对手的店铺设计和商品展示方式，借鉴其优点并改进自身不足，提升店铺的竞争力。

测试与调整：对店铺页面的设计、布局和元素进行A/B测试，比较不同方案的效果，并根据测试结果进行调整和优化。

作为电子商务运营的基础，店铺的搭建与装修需要商家持续投入精力和时间进行维护和优化，以确保店铺的整体风格、信息展示和商品分类都符合品牌定位和目标顾客的需求，为后续的营销推广和顾客服务打下坚实基础。同时，商家也应关注市场变化和顾客需求的变化，灵活调整店铺装修策略，以不断提升顾客的购物体验和满意度。

三、商品的上架与管理

（一）商品选择与市场分析

在电子商务领域，商品的选择是店铺运营的第一步，它直接关系到店铺的定位、目标顾客群体以及后续的销售策略。因此，商家在进行商品选择时，必须进行深入的市场分析，以确保所选商品能够满足市场需求，具有竞争力。

（1）市场分析。

目标顾客分析：明确店铺的目标顾客群体，包括他们的年龄、性别、职业、收入水平、消费习惯等，以便选择符合他们需求的商品。

竞争对手分析：研究同类店铺的商品结构、价格策略、促销活动等，找出差异化的商品或服务，以形成竞争优势。

市场趋势分析：关注行业动态、流行趋势、新技术新产品等，以便及时捕捉市场机遇，调整商品结构。

（2）商品选择。

商品质量：确保所选商品符合相关质量标准，具有良好的口碑和信誉。

商品特色：选择具有独特卖点、能够吸引顾客注意力的商品。

商品组合：根据店铺定位和目标顾客需求，合理搭配不同类别、不同价位的商品，形成完整的商品组合。

（二）商品定价策略

商品定价是店铺运营中的重要环节，它直接影响到店铺的销售额和利润。因此，商家需要制定合理的定价策略，以确保商品的价格既具有竞争力，又能保证店铺的盈利空间。

（1）定价原则。

成本导向：确保定价既不会过高，让顾客觉得难接受，也不会过低，让自己亏本。

市场导向：根据市场需求和竞争状况，灵活调整价格，以吸引顾客。

顾客导向：考虑顾客的购买能力和心理预期，制定符合他们需求的价格。

（2）定价策略。

新品定价：对于新品上市，可以采用渗透定价策略，以较低的价格吸引顾客尝试；或者采用撇脂定价策略，以较高的价格树立高端形象。

折扣定价：根据季节、节假日、促销活动等因素，给予顾客一定的折扣优惠，以刺激购买。

捆绑定价：将相关商品进行捆绑销售，以低于单独购买的总价吸引顾客。

（三）商品上下架管理

商品的上下架管理对于店铺的运营至关重要。合理的上下架策略可以提高商品的曝光率，增加销售机会。

（1）商品上架。

选择上架时间：根据店铺的流量高峰和顾客的购买习惯，选择合适的上架时间，以提高商品的曝光率。

优化商品信息：完善商品的标题、描述、图片等信息，确保顾客能够准确了解商品的特点和优势。

分类与标签：将商品进行合理分类，并添加相关的标签，以便顾客能够快速找到所需商品。

（2）商品下架。

定期下架：对于过季、滞销或质量有问题的商品，应及时下架，以避免影响店铺的声誉和顾客体验。

通知顾客：对于已购买即将下架商品的顾客，应提前通知他们，以便他们有机会进行复购或备选其他商品。

（四）库存管理

库存管理是确保店铺运营顺畅的关键环节。合理的库存管理可以减少库存积压，提高资金周转率。

（1）库存监控。

实时更新库存信息：确保店铺系统的库存信息与实际库存保持一致，以便及时补货或调整销售策略。

设置库存预警：为每种商品设置合理的库存预警线，当库存量低于预警线时，及时补货或调整销售策略。

（2）库存优化。

定期盘点：定期对库存进行盘点，确保账实相符，及时发现并解决问题。

滞销商品处理：对于滞销商品，可以采取降价促销、捆绑销售、赠品搭配等方式进行处理，以减少库存积压。

供应链协同：与供应商建立良好的合作关系，确保供应链的顺畅运作，提高库存周转率。

商品的上架与管理流程，包括商品选择与市场分析、商品定价策略、商品上下架管理以及库存管理。作为店铺运营的核心环节，商品的管理直接影响到店铺的销售额和顾客满意度。因此，商家需要认真对待每一个环节，确保商品的选择合理、定价合理、上下架管理规范以及库存管理高效。同时，商家也应根据市场变化和顾客需求的变化，灵活调整商品管理策略，以不断提升店铺的竞争力和盈利能力。

四、支付与物流接口设置

（一）开通在线支付功能

在线支付是电子商务交易中的关键环节，它为顾客提供了便捷、安全的支付方式。为了确保顾客能够顺利完成支付，商家需要开通并配置好在线支付功能。

（1）支付宝支付开通与配置。

支付宝作为国内领先的第三方支付平台，广泛应用于各类电子商务场景中。商家开通支付宝支付需完成以下步骤：

注册与认证：首先，商家需在支付宝官方网站注册一个企业支付宝账号，并完成企业实名认证，确保账号的安全性。

申请商家服务：登录支付宝商家中心，根据平台指引申请开通相关商家服务，如支付、退款、对账等。

配置接口参数：在商家后台的支付设置页面，填写支付宝提供的 APP ID、商户号、私钥等关键信息（特别是企业自建平台模式）。这些信息是确保支付请求能够正确发送到支付宝服务器并进行处理的基础。

测试环境搭建：为了验证支付功能的稳定性和准确性，商家应在正式开通前搭建一个测试环境，进行支付流程的模拟测试。

正式上线：测试通过后，商家可将支付功能正式上线，为顾客提供便捷的支付体验。

举例：某服装店铺在开通支付宝支付后，顾客在购物结算时可以选择支付宝作为支付方式。支付成功后，支付宝会将支付结果实时反馈给商家系统，商家即可根据支付结果进行订单处理。

（2）微信支付开通与配置。

微信支付作为另一主流支付平台，也广泛应用于电子商务领域。商家开通微信支付需完成以下步骤：

注册微信支付商户号：商家需前往微信支付官方网站注册一个微信支付商户号，并完成相关认证。

配置支付参数：在商户平台中，设置 API 密钥、证书等支付参数，确保与微信支付的通信安全。

开发支付接口：根据微信支付提供的 API 文档，商家需要开发支付接口代码，并将其集成到店铺系统中。这包括前端支付页面的设计、后端支付请求的处理等。

测试与上线：与支付宝支付类似，商家在正式上线前应进行充分的支付测试，确保支付流程的稳定性和安全性。

（注意：无论是支付宝还是微信支付，商家都需要定期更新支付接口的版本，以适应支付平台的安全要求和功能升级。）

（二）配置物流配送方案与运费模板

物流配送是电子商务交易中的另一重要环节，它直接关系到顾客的收货体验和商家的物流成本。因此，商家需要根据店铺实际情况，合理配置物流配送方案与运费模板。

（1）物流配送方案配置。

选择物流服务商：商家应根据商品类型、发货地、目的地等因素，选择合适的物流服务商。可以考虑物流服务商的覆盖范围、配送时效、价格等因素进行决策。

设置发货地址：在商家后台的物流设置页面，填写店铺的发货地址。这是计算运费和配送时间的基础信息。

对接物流接口：若商家使用的是第三方物流服务商，需按照其提供的 API 文档开发物流接口，实现订单信息的实时同步和追踪。这有助于商家和顾客随时了解订单的物流状态。

（2）运费模板配置。

创建运费模板：商家应根据商品的重量、体积、数量等属性，以及发货地、目的地的距离等因素，创建合理的运费模板。模板应包含不同运费规则的组合，以满足不同顾客的购物需求。

设置运费规则：在运费模板中，明确各规则下的运费计算方式，如按件数、重量、体积计费，或设置免邮条件等。同时，可设置不同地区的运费差异，以反映物流成本的实际变化。例如，对于偏远地区，可以设置较高的运费或提供有限的配送服务。

应用运费模板：将创建好的运费模板应用到相应的商品或商品分类中。这样，顾客在购物时就能准确看到运费信息，从而做出更明智的购买决策。

举例：某家居用品店铺根据商品重量和目的地设置了多个运费模板。对于轻量级商品，如小件家居饰品，商家提供了全国包邮的服务；对于重量级商品，如大型家具，商家则根据距离设置了不同的运费规则。这样既能满足顾客的购物需求，又能有效控制商家的物流成本。

作为电子商务运营的重要组成部分，支付与物流接口设置直接影响到顾客的购物体验和商家的运营效率。因此，商家应认真对待每一个环节，确保支付流程的便捷性和安全性，以及物流配送的准确性和时效性。同时，商家也应根据市场变化和顾客需求的变化，灵活调整支付与物流策略，以不断提升顾客的满意度和忠诚度。

五、营销推广与客户服务

（一）营销推广

（1）SEO 优化（搜索引擎优化）。

SEO 优化是提升网站在搜索引擎中排名的关键策略，它有助于增加网站的可见度，吸引更多潜在顾客。为实现有效的 SEO 优化，商家应采取以下措施：

关键词研究：深入分析目标顾客可能使用的搜索词汇，并将这些关键词巧妙地融入网站内容、标题、元标签和 URL 中。

网站结构优化：确保网站结构清晰，导航便捷，页面加载速度快，以提高用户体验和搜索引擎的抓取效率。

内容优化：定期更新高质量、原创且与目标关键词相关的内容，如博客文章、产品描述等，以吸引和留住用户。

外部链接建设：与其他高质量网站建立链接，提升网站的权威性和可信度，从而提高搜索引擎排名。

（2）SEM 推广（搜索引擎营销）。

SEM 推广通过付费广告在搜索引擎中展示，快速吸引目标顾客。商家在实施 SEM 推广时，应注意以下几点：

关键词选择：精准选择与目标顾客搜索意图高度匹配的关键词，以提高广告点击率和转化率。

广告创意优化：撰写吸引人的广告标题和描述，确保广告内容与用户搜索需求紧密相关，提升广告效果。

预算与出价：根据广告效果和预算，合理设置关键词出价，确保广告在竞争激烈的搜索环境中获得展示机会。

数据分析与优化：定期分析广告数据，如点击率、转化率等，及时调整关键词、广告创意和出价策略，以优化广告效果。

（3）社交媒体营销。

社交媒体营销利用社交媒体平台，如微博、微信、抖音等，与潜在顾客建立联系，传递品牌信息。商家在社交媒体营销中应关注以下几点：

平台选择：根据目标顾客群体和营销目标，选择合适的社交媒体平台。

内容策划：制定有趣、有教育意义且与目标顾客相关的内容计划，如图片、视频、文章等。

互动与回应：积极与粉丝互动，及时回应他们的评论和问题，建立良好的品牌形象。

数据分析：定期分析社交媒体数据，如关注量、点赞数、分享数等，以评估营销效果并优化策略。

（4）内容营销（如博客、文章、视频等）。

内容营销通过创造和分享有价值的内容，吸引和留住目标顾客。商家在实施内容营销时，应注重以下几点：

内容质量与原创性：确保内容高质量、原创且与目标顾客相关，以提升用户体验和搜索引擎排名。

多渠道分发：将内容发布在多个渠道，如博客、社交媒体、视频平台等，以扩大覆盖范围。

用户参与与互动：鼓励用户参与内容创作和分享，如评论、点赞、转发等，以提高内容传播效果。

数据分析与优化：定期分析内容营销数据，如阅读量、转发数、转化率等，以评估效果并优化策略。

（5）促销活动策划与执行。

促销活动策划与执行是提升销售额和顾客忠诚度的有效手段。商家在策划促销活动时，应考虑以下几点：

活动目标：明确促销活动的目标，如提升销售额、增加新用户、提高用户活跃度等。

活动形式：根据目标顾客和营销目标，选择合适的活动形式，如满减、折扣、赠品等。

宣传与推广：通过社交媒体、电子邮件、短信等多种渠道宣传促销活动，吸引更多顾客参与。

执行与监控：确保促销活动按计划执行，并实时监控活动效果，如销售额、参与人数等，以便及时调整策略。

（二）客户服务

（1）客户咨询与投诉处理。

客户咨询与投诉处理是客户服务的重要组成部分，它直接关系到客户的满意度和忠诚度。为提供高效的咨询与投诉处理服务，企业应做到以下几点：

设立多渠道咨询方式：通过电话、电子邮件、在线聊天等多种渠道，为客户提供便捷的咨询方式。确保客户能够随时随地获取所需信息。

及时响应：对于客户的咨询和投诉，企业应设定明确的响应时间，确保在最短时间内给予客户反馈。这有助于提升客户的信任感和满意度。

专业培训：对客户服务团队进行定期培训，提高他们的专业素养和沟通能力。确保他们能够准确理解客户需求，提供有效的解决方案。

记录与分析：对客户的咨询和投诉进行详细记录，并进行定期分析。这有助于企业发现服务中的不足，及时改进和优化服务流程。

（2）售后服务与退换货政策。

售后服务与退换货政策是体现企业诚信和关怀客户的重要环节。为制定合理的售后服务与退换货政策，企业应遵循以下原则：

明确政策内容：企业应清晰、明确地阐述售后服务与退换货政策的具体内容，包括退换货条件、流程、时限等。这有助于客户了解自身权益，减少误解和纠纷。

简化流程：尽量简化售后服务与退换货的流程，降低客户的操作难度。提供便捷的退换货渠道，如上门取件、快递退回等。

保障客户权益：在售后服务与退换货过程中，企业应充分保障客户的权益，如提供质量保证、退换货保障等。确保客户在购买和使用过程中得到充分的保障和支持。

（3）客户评价与反馈管理。

客户评价与反馈是企业了解客户需求和改进服务的重要依据。为有效管理客户评价与反馈，企业应采取以下措施：

鼓励客户评价：通过奖励机制、提示语等方式，鼓励客户在购买和使用后对产品或服务进行评价。这有助于收集大量的客户反馈，为企业改进服务提供参考。

及时回应反馈：对于客户的评价和反馈，企业应设定明确的回应时限，确保在最短时间内给予客户回复。这有助于增强客户的参与感和满意度。

定期分析与改进：定期对客户评价和反馈进行汇总和分析，发现服务中的不足和问题。根据分析结果，及时调整和改进服务策略，提升客户满意度和忠诚度。

（4）建立良好的客户关系管理（CRM）系统。

客户关系管理（CRM）系统是企业与客户之间建立长期、稳定关系的重要工具。为建立良好的CRM系统，企业应关注以下几点：

客户数据收集与整理：通过多渠道收集客户数据，包括基本信息、购买记录、偏好等。对数据进行整理和分类，形成完整的客户档案。

客户分析与细分：利用CRM系统对客户数据进行分析和挖掘，发现客户的消费习惯、需求变化等。根据分析结果，对客户进行细分，制定针对性的营销策略和服务方案。

个性化服务：基于客户分析和细分，为客户提供个性化的服务和产品推荐。这有助于提升客户的满意度和忠诚度，增加企业的销售额和市场份额。

持续沟通与关怀：通过CRM系统保持与客户的持续沟通，定期发送关怀信息、优惠活动等。这有助于增强客户与企业的联系，提升客户的黏性。

客户服务的关键环节，包括客户咨询与投诉处理、售后服务与退换货政策、客户评价与反馈管理以及建立良好的客户关系管理（CRM）系统。这些环节相互关联，共同构成了企业提供优质客户服务的重要基础。企业应注重提升客户服务团队的专业素养和沟通能力，制定合理的售后服务与退换货政策，鼓励客户评价和反馈，并建立良好的CRM系统，以不断提升客户满意度和忠诚度。通过优质的客户服务，企业可以赢得客户的信任和口碑，实现持续发展和提升竞争力的目标。

六、数据分析与优化

在数字化时代,数据分析已成为企业运营决策的重要依据。通过对流量、销售数据及用户行为等关键指标的深入分析,企业能够洞察市场趋势,了解客户需求,从而制定出更加精准有效的运营策略。下文将详细阐述流量分析、销售数据分析、用户行为分析以及根据数据分析结果调整运营策略的内容。

(一)流量分析(来源、转化率等)

流量分析是评估网站或应用吸引访问者能力的重要环节。企业应关注以下关键指标:

流量来源:分析访问者的来源渠道,如搜索引擎、社交媒体、广告推广等。了解各渠道的流量占比和变化趋势,有助于优化推广策略,提高流量质量。

转化率:转化率是衡量流量价值的关键指标。企业应关注访问者从进入网站到完成购买或提交表单等目标行为的比例。通过分析转化率,可以识别出潜在的问题环节,如页面设计、购物流程等,并进行针对性优化。

跳出率与退出率:跳出率指访问者仅浏览一个页面便离开的比例,而退出率则指访问者在浏览过程中离开某个特定页面的比例。这两个指标有助于评估页面内容和导航的吸引力,指导页面优化工作。

(二)销售数据分析(销售额、订单量等)

销售数据分析是评估企业销售业绩和运营效果的重要手段。企业应关注以下关键指标:

销售额与订单量:分析销售额和订单量的变化趋势,了解销售业绩的整体情况。通过对比不同时间段的数据,可以识别出销售高峰期和低谷期,为制定促销策略提供依据。

产品销量与占比:分析各产品的销量和占比,了解受欢迎的产品类别和款式。这有助于优化产品组合,提高库存周转率,降低运营成本。

客户价值与复购率:分析客户的购买金额、购买频次等,评估客户的价值和忠诚度。通过提高复购率,企业可以增加客户黏性,提高销售额。

(三)用户行为分析(浏览路径、停留时间等)

(1)用户行为分析。

用户行为分析是深入了解客户需求和偏好的关键途径。企业应关注以下关键指标:

浏览路径:分析访问者在网站或应用中的浏览路径,了解他们如何从一个页面跳转到另一个页面。这有助于优化页面布局和导航设计,提高用户体验。

停留时间:分析访问者在各个页面上的停留时间,了解他们对页面内容的兴趣和关注度。通过延长停留时间,企业可以提高访问者的参与度和转化率。

热点图与点击热区:利用热点图和点击热区等工具,分析访问者在页面上的点击行为和关注热点。这有助于识别出受欢迎的内容区域和潜在的改进点,为页面优化提供依据。

（2）根据数据分析结果调整运营策略。

基于深入的数据分析，企业能够获得宝贵的洞察，进而精准地调整运营策略，以最大化业务效益。以下是根据数据分析结果调整运营策略的具体步骤和策略：

步骤1，精准营销与广告投放。

细化目标受众：利用用户行为数据和客户画像，细分目标市场，为不同群体定制个性化营销信息。

优化广告创意与定位：根据流量来源和转化率分析，识别高转化渠道和创意类型，调整广告内容和投放策略。

实时调整预算：基于广告效果数据，动态调整各渠道的广告预算，确保资源高效利用。

步骤2，产品与服务迭代。

产品优化：结合销售数据和用户反馈，识别产品缺陷和改进点，快速迭代产品，满足市场需求。

服务升级：分析用户服务请求和投诉数据，优化服务流程，提升服务质量，增强客户满意度。

步骤3，用户体验优化。

界面与交互改进：根据用户行为数据（如浏览路径、停留时间），优化网站或应用的界面设计和交互逻辑，提升用户体验。

内容个性化：利用用户偏好数据，推送个性化内容，增加用户黏性，提高转化率。

步骤4，库存与供应链管理。

精准预测需求：结合销售趋势和历史数据，运用预测模型精准预测未来需求，优化库存管理。

供应链协同：通过分析供应链数据，加强与供应商的合作，提高供应链响应速度和效率。

步骤5，客户关系管理（CRM）优化。

客户细分与忠诚度提升：基于客户价值分析，实施客户细分策略，为不同层级客户提供差异化服务，提升客户忠诚度。

客户挽回与激活：通过分析客户流失原因和沉睡客户特征，制定针对性的挽回和激活策略。

步骤6，持续监测与迭代。

建立数据监控体系：设置关键绩效指标（KPIs），实时监控业务表现，确保策略执行效果。

敏捷迭代：基于数据分析结果，快速响应市场变化，灵活调整策略，保持竞争优势。

步骤7，跨部门协作与数据驱动文化。

促进部门间数据共享：打破信息孤岛，促进营销、产品、技术等部门间的数据共享与协作。

培养数据驱动文化：鼓励员工基于数据做决策，提升全员数据分析能力，形成数据驱动的企业文化。

数据分析与优化是企业持续成长和创新的关键驱动力。通过细致的数据分析，企业能够精准把握市场动态和客户需求，进而调整运营策略，优化资源配置，提升业务效率和客户满意度。企业应建立完善的数据分析体系，培养数据驱动的文化，确保策略调整的科学性和有效性，从而在激烈的市场竞争中脱颖而出，实现可持续发展。

任务五　电子商务平台的创新与发展

一、新兴电子商务平台模式探索

随着互联网技术的不断进步和消费者需求的日益多样化，电子商务平台正不断涌现出新的商业模式和运营策略。下文将深入探讨几种新兴电子商务平台模式，包括社交电商、直播电商、内容电商、跨境电商以及基于新技术的创新电商模式，分析它们的特点、优势以及面临的挑战，为电商平台的发展提供参考。

（1）社交电商：社交与购物的无缝结合。

社交电商是指通过社交媒体平台进行商品销售、品牌推广和客户服务的新型电商模式。它利用社交网络的广泛覆盖和高度互动性，将购物与社交紧密结合，为消费者提供更加个性化、便捷的购物体验。

特点：以用户关系为核心，通过社交互动促进商品销售；利用社交媒体的数据分析能力，实现精准营销。

优势：降低获客成本，提高用户黏性；增强品牌与消费者的互动，提升品牌忠诚度。

挑战：如何平衡社交与购物的关系，避免过度营销导致用户反感；如何保护用户隐私，确保数据安全。

（2）直播电商：实时互动，激发购买欲望。

直播电商是指通过直播形式展示商品、进行销售推广的电商模式。它利用直播的实时性和互动性，为消费者提供更加直观、生动的购物体验。

特点：实时互动，展示商品细节；主播个人魅力与专业能力相结合，提升销售效果。

优势：缩短购物决策时间，提高转化率；增强品牌与消费者的互动，提升品牌形象。

挑战：如何保证直播内容的质量与真实性；如何培养专业的主播团队，提高直播效果。

（3）内容电商：以内容驱动购物决策。

内容电商是指通过优质内容吸引用户，进而引导用户进行购物的电商模式。它强调内容与商品的结合，为消费者提供更加有价值、有深度的购物信息。

特点：以内容为核心，通过优质内容吸引用户；内容与商品紧密结合，提高购物转化率。

优势：提升用户体验，增加用户黏性；降低营销成本，提高销售效率。

挑战：如何持续产出优质内容，保持用户兴趣；如何平衡内容与商品的关系，避免过度商业化。

（4）跨境电商：打破地域限制，拓展全球市场。

跨境电商是指通过互联网平台，将商品销售到不同国家或地区的电商模式。它打破了地域限制，为消费者提供了更加丰富的商品选择，同时也为商家提供了更广阔的市场空间。

特点：全球化运营，拓展市场空间；跨境电商平台提供一站式服务，降低跨境贸易门槛。

优势：满足消费者多样化需求，提升购物体验；降低商家运营成本，提高盈利能力。

挑战：如何应对不同国家的法律法规、文化差异和物流难题；如何建立信任机制，保障消费者权益。

（5）基于新技术的创新电商模式。

随着人工智能、大数据、区块链等新技术的不断发展，电商平台正不断探索与之结合的新型商业模式。这些新技术为电商平台提供了更加智能、高效、安全的运营手段，也为消费者带来了更加便捷、个性化的购物体验。

特点：利用新技术提升电商平台运营效率和服务质量；通过技术创新推动电商行业的持续发展。

优势：提高用户体验和满意度；降低运营成本和风险；推动电商行业的创新和发展。

挑战：如何掌握和应用新技术，保持竞争优势；如何确保新技术的安全性和稳定性。

新兴电子商务平台模式的出现，为电商行业注入了新的活力和机遇。企业应密切关注市场动态和技术发展趋势，积极探索和尝试新兴电商模式，以满足消费者多样化的需求，提升品牌竞争力和市场份额。同时，企业也应注重风险管理和合规经营，确保新兴电商模式的可持续发展。

二、电子商务平台与新技术融合

随着科技的飞速发展，电子商务平台正不断与新兴技术深度融合，推动商业模式的革新与升级。下文将深入探讨电子商务平台如何与人工智能、大数据、区块链、云计算及物联网等前沿技术相结合，以实现更高效、智能、安全的电商运营。

（1）电子商务平台与人工智能的融合。

人工智能（AI）技术的应用，为电子商务平台带来了前所未有的变革。通过机器学习、自然语言处理等技术，电商平台能够实现：

智能推荐系统：根据用户的浏览历史、购买记录及偏好，精准推送商品信息，提升用户体验和转化率。

智能客服：利用聊天机器人，提供24小时不间断的客户服务，解决用户咨询，降低人工成本。

库存管理与预测：通过 AI 算法分析销售数据，预测未来需求，优化库存管理，减少库存积压和缺货风险。

（2）电子商务平台与大数据的应用。

大数据技术的运用，使电商平台能够收集、处理和分析海量数据，从而：

深化用户洞察：构建用户画像，理解用户行为和需求，为个性化营销提供依据。

优化运营策略：通过分析销售数据、市场趋势等，指导产品定价、促销活动设计，提高运营效率。

风险评估与防控：利用大数据分析识别欺诈行为，加强交易安全，保护用户隐私。

（3）电子商务平台与区块链的探索。

区块链技术以其去中心化、透明度高、安全性强的特点，为电商平台提供了新的解决方案：

商品溯源与防伪：通过区块链记录商品从生产到销售的全链条信息，确保商品真伪可查，增强消费者信任。

智能合约：自动执行合同条款，降低交易成本，提高交易效率，特别是在跨境支付和物流领域。

数据保护与隐私：利用区块链的加密特性，保护用户数据和交易信息的安全，防止数据泄露。

（4）电子商务平台与云计算的集成。

云计算为电商平台提供了灵活、可扩展的基础设施支持：

弹性扩容：根据业务需求自动调整服务器资源，应对高并发访问，降低 IT 成本。

数据存储与处理：利用云平台的强大存储和计算能力，高效处理大数据，支持复杂的数据分析任务。

多地域部署：轻松实现全球布局，优化用户体验，提高服务可用性。

（5）电子商务平台与物联网的联动。

物联网（IoT）技术将物理世界与数字世界紧密相连，为电商平台开辟了新的应用场景：

智能物流：通过物联网传感器追踪货物位置、温度等，实现物流过程的透明化和智能化。

智能家居与电商：物联网设备收集的用户生活习惯数据，为电商平台提供个性化商品推荐的新途径。

线下体验与线上购买融合：利用物联网技术，实现线下店铺与线上平台的无缝对接，提升顾客购物体验。

电子商务平台与新技术的融合，不仅推动了电商行业的快速发展，也为消费者带来了更加便捷、安全、个性化的购物体验。企业应积极拥抱技术创新，不断探索新技术在电商领域的应用，以创新驱动发展，保持竞争优势。未来，随着技术的不断进步，电子商务平台的形态和功能还将继续深化，开启更加广阔的商业前景。

一、单项选择题

1. 电子商务平台打破了哪些限制,使交易活动可以在任何时间、任何地点进行?( )
   A. 时间和空间 B. 商品种类和数量
   C. 物流和信息 D. 技术和成本
2. 以下哪种电子商务平台类型以企业之间的采购和销售活动为主?( )
   A. B2C B. C2C C. O2O D. B2B
3. 电子商务平台利用什么技术实现用户数据的加密存储和传输,确保数据安全?( )
   A. 区块链 B. 人工智能 C. 云计算 D. 加密技术
4. 哪种平台搭建方式通常具有完善的社区支持和丰富的资源?( )
   A. 自主开发 B. 第三方平台搭建
   C. 云服务提供商搭建 D. 开源系统搭建
5. 在电子商务平台中,哪种数据分析功能有助于优化库存管理?( )
   A. 个性化推荐 B. 精准营销 C. 销售预测 D. 客户细分

二、多项选择题

1. 电子商务平台的主要特点包括哪些?( )
   A. 跨时空性 B. 交互性 C. 个性化服务 D. 社交化
2. 以下哪些属于电子商务平台选择时需要考虑的关键因素?( )
   A. 平台功能 B. 费用结构 C. 安全性 D. 售后服务质量
3. 在商品管理中,合理的定价策略应考虑哪些因素?( )
   A. 成本导向 B. 市场导向 C. 竞争对手价格 D. 顾客心理预期
4. 电子商务平台与人工智能结合的应用场景包括哪些?( )
   A. 智能推荐系统 B. 智能客服 C. 库存管理与预测 D. 支付安全
5. 在电子商务平台的客户服务中,哪些方面对于提升客户满意度至关重要?( )
   A. 及时响应客户咨询 B. 明确的退换货政策
   C. 个性化商品推荐 D. 良好的售后服务

三、名词解释

1. 电子商务平台:

2. SEO(Search Engine Optimization)：

3. 云计算：

四、简答题

1. 简述电子商务平台在电商行业中的作用。

2. 选择电子商务平台时，应如何分析市场竞争环境？

3. 如何有效管理电子商务平台上的商品库存？

项目四 电子商务网络营销

学习目标

一、知识目标

（1）理解网络营销的基本概念：学生应能够准确理解电子商务网络营销的定义、特点及其在现代商业环境中的重要地位，明确网络营销与传统营销的区别与联系。

（2）掌握网络营销的主要策略：熟悉并理解搜索引擎优化（SEO）、搜索引擎营销（SEM）、社交媒体营销、内容营销、电子邮件营销、联盟营销等主要网络营销策略的原理、实施步骤及效果评估方法。

（3）认识网络营销工具与平台：了解并能操作常见的网络营销工具，如关键词分析工具、社交媒体管理平台、邮件营销软件等。

（4）分析网络营销案例：通过分析成功与失败的网络营销案例，学生能够理解网络营销策略的实际应用，识别关键因素，培养问题解决和策略调整的能力。

（5）了解网络营销法律法规：掌握网络营销活动中涉及的法律法规，包括数据保护、广告法、消费者权益保护等，确保网络营销活动的合法性与合规性。

二、能力目标

（1）策略规划与执行能力：能够根据企业实际情况，制定有效的网络营销策略，并具备实施这些策略的具体操作能力，包括内容创作、广告投放、数据分析等。

（2）数据分析与优化能力：运用数据分析工具，对网络营销活动的效果进行监测与分析，根据数据反馈调整策略，持续优化营销效果。

（3）创新思维能力：在网络营销实践中，能够结合新技术、新趋势（如人工智能、大数据、区块链等），创新营销策略，提升企业市场竞争力。

三、素质目标

（1）职业素养：培养良好的职业道德，尊重用户隐私，遵守行业规范，确保网络营销活动的诚信与透明度。

（2）持续学习意识：鉴于网络营销领域快速发展，培养学生具备持续学习的习惯，关注行业动态，不断提升个人专业技能与知识水平。

（3）创新思维与适应能力：鼓励学生面对市场变化时，能够灵活应变，用创新的思维解决问题，适应不断变化的网络营销环境。

（4）社会责任感：在网络营销活动中，强调社会责任，倡导绿色营销，关注社会公益，促进企业与社会的和谐发展。

案例导入

某新兴手机品牌的互联网营销崛起之路

案例背景：

在智能手机市场竞争白热化的当下，一家成立仅数年的新兴手机品牌，凭借独特的互联网营销策略，迅速在市场中崭露头角，打破了传统手机品牌的市场格局，成为备受瞩目的行业黑马。该品牌不仅在国内市场收获大量用户，还逐步拓展海外市场，将创新的互联网营销模式推向全球，成为互联网营销领域的成功范例

案例描述：

社交媒体深度互动：该品牌积极打造多元化社交媒体互动生态。除了在主流社交平台发布产品宣传内容，还搭建了专属的用户社区与论坛。在社区中，用户可以自由分享手机使用心得、交流摄影技巧，提出对产品功能的改进建议。品牌团队定期参与社区讨论，组织线上互动活动，邀请资深用户参与产品原型设计与功能测试，让用户深度参与产品研发过程，极大增强了用户对品牌的归属感与忠诚度。

创新型饥饿营销：品牌采用灵活多样的饥饿营销手段，将限量预售、专属购买码发放、限时折扣等方式相结合。每一次新品发布前，通过社交媒体造势，引发用户对产品的强烈期待；发布后，限量供应制造稀缺感，同时利用用户的口碑传播，让每一次抢购活动都成为网络热点事件，成功激发消费者的购买欲望，提升品牌热度。

粉丝生态构建：品牌精心培育粉丝文化，通过举办粉丝专属节日、线下粉丝见面会等活动，为粉丝提供专属福利与互动机会。建立粉丝等级体系，根据粉丝活跃度给予不同权益，增强粉丝黏性。粉丝自发在社交平台宣传品牌与产品，形成强大的口碑传播网络，成为品牌推广的重要力量。

多元内容营销：品牌的内容营销涵盖多个领域，不仅有详细的产品使用教程、性能评测，还包括科技趋势解读、生活美学分享等内容。通过优质、有趣的内容吸引潜在用户关注，同时与各领域知名博主、网红合作，共同创作具有传播力的内容，进一步扩大品牌影响力，将内容受众转化为品牌用户。

数据精准营销：品牌借助大数据技术，对用户的浏览行为、购买记录、产品反馈等数据进行深度分析。根据用户画像，精准推送个性化营销信息，推荐符合用户需求的手机配件、应用服务等。同时，通过数据分析优化营销活动投放策略，提高广告投放的精准度与营销活动的转化率。

跨界合作拓展：品牌积极开展跨界合作，与时尚品牌推出联名限量款手机，将时尚元素融入产品设计；与热门影视 IP 合作，推出定制主题手机，吸引不同领域的消费群体。跨界合作不仅丰富了产品矩阵，还提升了品牌的时尚感与话题性，拓展了用户群体。

全球化与创新驱动：在海外市场拓展中，品牌充分考虑不同国家和地区的文化差异与消费习惯，推出本地化定制产品，建立本地营销团队与售后服务体系。持续加大在技术研发上的投入，不断推出创新技术与功能，如先进的影像系统、高效的电池技术等，以技术创新提升产品竞争力，巩固品牌在全球市场的地位。

【案例思考】

（1）该品牌手机的互联网营销策略的核心是什么？分析该品牌如何通过社交媒体互动、饥饿营销、粉丝经济等手段，在竞争激烈的智能手机市场中脱颖而出，并建立强大的品牌影响力。

（2）数据驱动营销在该品牌的成功中扮演了什么角色？探讨该品牌如何利用大数据技术进行用户行为分析，实现精准营销，以及这一策略对提升营销效率和转化率的具体贡献。

（3）该品牌的全球化战略与持续创新如何支撑其长远发展？分析该品牌在拓展海外市场时面临的挑战及应对策略，以及其在产品创新和技术研发上的投入如何保持品牌竞争力和市场领先地位。

任务一　电子商务与网络营销概述

一、网络营销的概念

网络营销，又称互联网营销、网上营销或电子营销，是指以现代营销理论为基础，借助网络、通信和数字媒体技术等实现营销目标的商务活动。它是以国际互联网络为基础，利用数字化的信息和网络媒体的交互性来创造、沟通与传递顾客价值，建立、维持、巩固顾客与企业的关系，从而实现营销目的的一系列管理活动。网络营销是企业整体营销战略的一个组成部分，是为实现企业总体经营目标所进行的，以互联网为基本手段，营造网上经营环境并利用数字化的信息和网络媒体的交互性来辅助营销目标实现的一种新型的市场营销方式。

二、网络营销的环境

（一）宏观环境

网络营销的宏观环境主要包括人口、经济、政治、法律、科学技术、社会文化及自然地理等多方面的因素。这些因素对企业的网络营销活动产生广泛而深远的影响。

（1）人口环境：人口的数量、结构、分布、流动趋势等，直接影响网络营销的目标市场规模和潜在顾客群体。

（2）经济环境：经济发展水平、消费者的收入水平、消费习惯等因素，决定了网络营销的市场潜力和消费能力。

（3）政治法律环境：政府的政策导向、法律法规的制定和执行，对网络营销活动具有指导和约束作用。例如，关于网络安全、数据保护、广告发布等方面的法律法规，都是网络营销必须遵守的规则。

（4）科学技术环境：互联网技术的发展和应用，为网络营销提供了强有力的技术支撑。同时，新兴技术的不断涌现，也为网络营销的创新提供了无限可能。

（5）社会文化环境：社会文化、价值观念、消费习惯等因素，影响着消费者的购买行为和决策过程，从而对网络营销产生重要影响。

（二）微观环境

网络营销的微观环境主要包括企业的供应商、营销中间商、顾客、竞争者以及社会公众和影响营销管理决策的企业内部各个部门。

（1）企业内部环境：企业的组织结构、企业文化、营销策略等内部因素，对网络营销的实施和效果产生直接影响。

（2）供应商：供应商的稳定性、供货能力、价格和质量等，直接关系到网络营销产品的供应链稳定性和成本控制。

（3）营销中间商：在网络营销中，中间商可能以网络中间商的形式存在，如电商平台、社交媒体平台等。他们为企业与消费者之间的连接提供了便利，同时也影响着企业的营销策略和效果。

（4）顾客：顾客是网络营销的核心对象。了解顾客的需求、偏好和行为模式，对于制定有效的网络营销策略至关重要。

（5）竞争者：竞争者的市场定位、营销策略和市场份额等，都是企业在制定网络营销策略时需要重点考虑的因素。

（6）社会公众：社会公众对企业的看法和态度，影响着企业的品牌形象和声誉。在网络营销中，企业应注重与社会公众的沟通和互动，以树立良好的企业形象。

三、网络营销的特征

网络营销作为一种基于互联网的营销方式，具有一系列独有的特征，这些特征使得网络营销在现代商业环境中占据重要地位。以下是网络营销主要特征（见图 4-1）的详细描述：

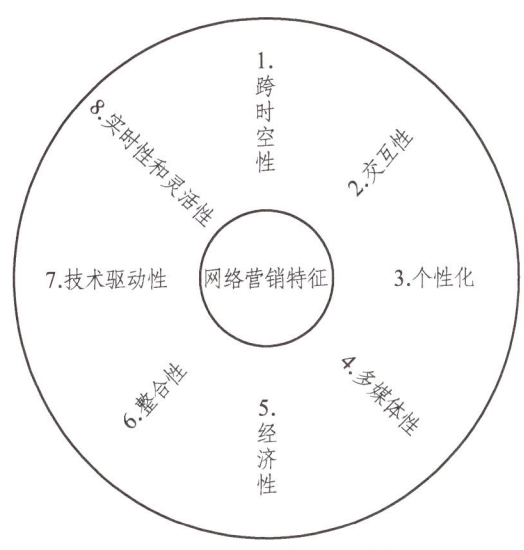

图 4-1　网络营销的主要特征

（一）跨时空性

定义：网络营销突破了传统营销的地域和时间限制，通过互联网将产品和服务信息传递到全球范围内的潜在客户。

特点：企业可以全天候、不间断地进行营销活动，而消费者也可以随时随地进行购买和咨询。这种跨时空的特性极大地提高了营销的灵活性和便利性。

优势：使得企业能够覆盖更广泛的市场，吸引更多潜在客户，同时也为消费者提供了更加便捷的购物体验。

（二）交互性

定义：网络营销强调企业与消费者之间的双向沟通和互动。

特点：通过社交媒体、在线论坛、即时通信工具等渠道，企业可以实时获取消费者的反馈和需求，并据此调整营销策略。消费者也可以根据自己的兴趣和需求参与到营销活动中来，与企业进行互动和交流。

优势：有助于建立更加紧密和稳固的顾客关系，提高顾客满意度和忠诚度。同时，通过交互性营销，企业可以更加精准地把握市场趋势和消费者需求，从而制定更加有效的营销策略。

（三）个性化

定义：网络营销允许企业根据消费者的个人特征和喜好进行精准营销。

特点：通过分析消费者的浏览记录、购买行为等数据，企业可以制定个性化的推广方案，为消费者提供定制化的信息和推荐。

优势：个性化营销能够显著提高营销效果和转化率，因为消费者更倾向于接受与自己兴趣和需求相关的营销信息。同时，个性化营销也有助于增强品牌形象和消费者忠诚度。

（四）多媒体性

定义：网络营销可以利用文字、图片、视频等多种媒体形式展示产品和服务。

特点：多媒体营销信息更加生动、形象，能够吸引消费者的注意力并激发他们的购买欲望。企业还可以通过多媒体内容创造独特的品牌形象和营销氛围。

优势：多媒体营销使得企业能够更加全面、立体地展示产品和服务的特点和优势，从而提高营销效果。同时，多媒体内容也更易于在社交媒体等平台上传播和分享，进一步扩大营销影响力。

（五）经济性

定义：网络营销相比传统营销方式具有较低的成本优势。

特点：企业无须支付高昂的广告费用和租金成本，只需要通过互联网平台进行推广即可。网络营销还可以降低人力资源成本和时间成本，提高营销效率。

优势：经济性使得网络营销成为中小企业拓展市场、提高知名度的重要途径。同时，对于大型企业而言，网络营销也是降低营销成本、提高营销效果的有效手段。

（六）整合性

定义：网络营销能够将不同的营销渠道和策略进行有机整合，以实现最佳的营销效果。

特点：企业可以通过搜索引擎营销、社交媒体营销、电子邮件营销等多种渠道和策略的组合使用，形成全方位的营销攻势。同时，基于实时数据分析的能力，企业可以不断优化和调整营销策略。

优势：整合性营销使得企业能够更加精准地把握市场变化和消费者需求，从而制定更加科学和有效的营销策略。通过不同渠道的协同作用，企业可以最大化地提升品牌价值和市场影响力。

（七）技术驱动性

定义：网络营销高度依赖互联网技术的发展和应用，包括大数据、人工智能、云计算等先进技术的不断融入，推动了网络营销的创新和变革。

特点：技术驱动性使得网络营销能够实现精准营销、个性化推荐、自动化优化等功能。企业可以利用大数据分析消费者行为，通过 AI 算法进行智能投放和预测，提高营销效率和效果。

优势：技术驱动性不仅降低了营销成本，还提升了用户体验和满意度。通过技术手段，企业可以更加准确地了解消费者需求，提供更加贴心的服务，从而增强用户黏性和品牌忠诚度。

（八）实时性和灵活性

定义：网络营销具有高度的实时性和灵活性，能够迅速响应市场变化和消费者需求，及时调整营销策略和方案。

特点：互联网信息的传播速度极快，网络营销信息可以在瞬间传遍全球。企业可以利用这一特点，快速推广新产品、发布促销信息或应对危机事件。同时，网络营销策略也可以根据市场反馈和数据分析结果进行灵活调整，以适应不断变化的市场环境。

优势：实时性和灵活性使得网络营销更加具有竞争力。企业可以迅速抓住市场机遇，抢占先机；同时，也能够及时纠正错误决策，减少损失。这种快速响应市场变化的能力对于现代企业的发展至关重要。

综上所述，网络营销不仅具有跨时空性、交互性、个性化、多媒体性、经济性、整合性等特征，还具有技术驱动性和实时灵活性。这些特征共同构成了网络营销的独特优势，使得网络营销在现代商业环境中发挥着越来越重要的作用。随着技术的不断进步和市场环境的不断变化，网络营销的特征和优势还将不断得到丰富和拓展。

四、电子商务网络营销的发展历程

电子商务网络营销的发展历程（如图 4-2 所示）可以大致分为以下几个阶段：

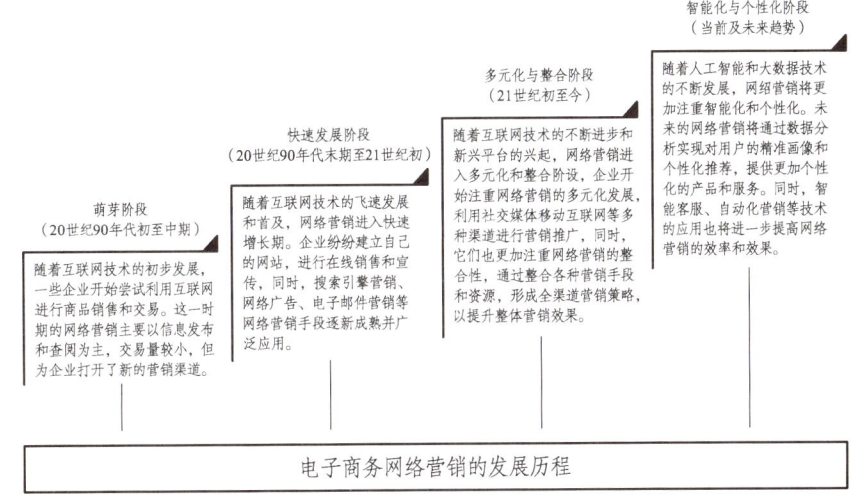

图 4-2　电子商务网络营销的发展历程

萌芽阶段（20 世纪 90 年代初至中期）：随着互联网技术的初步发展，一些企业开始尝试利用互联网进行商品销售和交易。这一时期的网络营销主要以信息发布和查询为主，交易量较小，但为企业打开了新的营销渠道。

快速发展阶段（20 世纪 90 年代末期至 21 世纪初）：随着互联网技术的飞速发展和普及，网络营销进入快速增长期。企业纷纷建立自己的网站，进行在线销售和宣传。同时，搜索引擎营销、网络广告、电子邮件营销等网络营销手段逐渐成熟并广泛应用。

多元化与整合阶段（21 世纪初至今）：随着互联网技术的不断进步和新兴平台的兴起，网络营销进入多元化和整合阶段。企业开始注重网络营销的多元化发展，利用社交媒体、移动互联网等多种渠道进行营销推广。同时，它们也更加注重网络营销的整合性，通过整合各种营销手段和资源，形成全渠道营销策略，以提升整体营销效果。

智能化与个性化阶段（当前及未来趋势）：随着人工智能和大数据技术的不断发展，网络营销将更加注重智能化和个性化。未来的网络营销将通过数据分析实现对用户的精准画像和个性化推荐，提供更加个性化的产品和服务。同时，智能客服、自动化营销等技术的应用也将进一步提高网络营销的效率和效果。

任务二　电子商务网络营销环境分析

电子商务网络营销作为现代商业的重要组成部分，其环境特征、消费者行为以及技术应用都值得我们深入探讨。以下是对电子商务网络营销环境的全面分析。

一、电子商务市场特征

电子商务市场具有多个显著特征，这些特征共同塑造了电子商务的独特魅力。

首先，电子商务市场具有全球化特征。互联网的无界性使得电子商务能够跨越地域、国界，实现全球范围内的商品交易。商家可以轻松地将产品销往世界各地，而消费者也能方便地购买到全球各地的商品。

其次，电子商务市场的高效性也是其一大优势。通过电子化交易过程，电子商务大大提高了交易效率，缩短了交易周期。消费者可以快速下单、支付，商家也能迅速处理订单、发货，整个交易过程变得高效便捷。

再者，低成本是电子商务市场的另一大特征。对于商家而言，开展电子商务交易可以大大降低运营成本。无须支付高昂的租金、装修费用以及员工工资等，商家可以将更多的资金投入产品研发、市场推广等方面，从而提高市场竞争力。

此外，电子商务市场还具有个性化服务特征。通过大数据、人工智能等技术手段，电子商务平台能够更好地了解用户需求，提供更加个性化的服务。这种个性化服务不仅提升了用户体验，也增强了用户对电子商务平台的依赖性和忠诚度。

最后，电子商务市场是一个技术创新驱动的市场。随着互联网技术的不断发展，电子商务也在不断创新和变革。新技术如移动支付、区块链、人工智能等正在深度赋能电商行业，推动其向更加智能化、个性化的方向发展。

二、消费者在线行为分析

在电子商务网络营销环境中，消费者在线行为是一个重要的研究领域。消费者的在线行为受到多种因素的影响，包括个人因素、社会因素、文化因素以及技术因素等。

首先，个人因素是影响消费者在线行为的重要因素之一。消费者的年龄、性别、教育背景、职业等都会影响其在电子商务平台上的行为。例如，年轻消费者更倾向于在社交媒体上进行购物决策，而中老年消费者则可能更倾向于在专业的电子商务平台上购物。

其次，社会因素也会对消费者的在线行为产生影响。消费者的社交圈子、家庭环境、文化背景等都会影响其在电子商务平台上的选择和决策。例如，在某些文化中，消费者可能更倾向于购买具有当地特色的商品或服务。

再者，技术因素也是影响消费者在线行为的重要因素之一。随着移动互联网技术的不断发展，越来越多的消费者开始使用手机或平板电脑进行购物。同时，电子商务平台的技术创新也在不断推动消费者行为的变革。例如，智能推荐算法可以根据消费者的浏览历史和购买记录为其推荐符合需求的商品或服务。

最后，消费者的在线行为还受到其购物动机和决策过程的影响。消费者在购物过程中会经历不同的阶段，包括需求识别、信息搜索、比较选择、购买决策以及购后评价等。在每个阶段，消费者的行为和决策都可能受到不同因素的影响。

三、网络营销技术与应用

网络营销技术与应用是电子商务网络营销环境中的重要组成部分。随着互联网技术的不断发展，网络营销技术也在不断创新和变革。以下是对网络营销技术与应用的全面解析。

首先，搜索引擎营销是一种重要的网络营销方式。通过优化网站结构和内容，提高网站在搜索引擎中的排名，从而吸引更多的潜在客户。搜索引擎营销包括搜索引擎优化（SEO）和搜索引擎广告（SEA）两种方式。SEO通过优化网站结构和内容来提高网站的自然排名，而SEA则通过购买关键词广告来提高网站的曝光率。

其次，社交媒体营销也是一种重要的网络营销方式。社交媒体平台如微信、微博、抖音等具有庞大的用户群体和广泛的传播能力。通过在社交媒体平台上发布有趣、有用的内容，吸引用户的关注和分享，从而实现品牌宣传和产品推广的目的。

再者，电子邮件营销也是一种常见的网络营销方式。通过向潜在客户或现有客户发送电子邮件，传递品牌信息、产品促销等内容，从而实现营销目标。电子邮件营销需要注重邮件内容的设计和发送时间的选择，以提高邮件的打开率和转化率。

此外，内容营销也是一种重要的网络营销方式。通过创作有价值、有吸引力的内容来吸引潜在客户的关注和兴趣。内容营销可以包括文章、视频、图片等多种形式，需要根据目标客户的需求和兴趣进行定制化创作。

最后，移动营销和跨境电商营销也是网络营销的重要应用领域。随着移动互联网技术的不断发展，越来越多的消费者开始使用手机或平板电脑进行购物。移动营销需要注重移动端的用户体验和交互设计，以提供更加便捷、高效的购物体验。而跨境电商营销则需要考虑不同国家和地区的文化差异、法律法规等因素，制定针对性的营销策略和方案。

综上所述，电子商务网络营销环境具有复杂性和多样性。在电子商务市场特征方面，全球化、高效性、低成本、个性化服务以及技术创新驱动是其主要特征；在消费者在线行为方面，个人因素、社会因素、技术因素以及购物动机和决策过程都会影响消费者的在线行为；在网络营销技术与应用方面，搜索引擎营销、社交媒体营销、电子邮件营销、内容营销以及移动营销和跨境电商营销等多种方式共同构成了网络营销的丰富体系。深入理解和把握这些特征和应用，对于制定有效的网络营销策略和实现商业目标具有重要意义。

任务三　电子商务网络营销实施

电子商务网络营销的实施是一个多维度、系统性的过程，它融合了策略规划、技术运用、执行监控与效果评估，旨在通过数字化手段推动产品销售、提升品牌形象，并加强客户黏性。以下是对该过程各环节的详尽解析。

一、电子商务网络营销计划制定

（一）市场调研与策略制定

1. 市场调研

目标市场分析：深入剖析市场规模、市场趋势、竞争对手状况，以及目标客户群体的需求和偏好。

竞争对手研究：细致分析主要竞争对手的网络营销策略、市场表现、优势与不足，为制定差异化竞争策略提供依据。

2. 策略制定

营销目标设定：基于市场调研结果，明确具体、可量化的网络营销目标，如提升品牌知名度、增加网站访问量、提高转化率等。

营销渠道选择：根据目标市场和目标客户群体的特征，精心选择适合的网络营销渠道，如 SEO、SEM、社交媒体营销、内容营销、电子邮件营销等。

营销预算分配：根据营销策略和预期目标，合理规划营销预算，确保每一分投入都能带来最大化回报。

（二）网站构建与优化

1. 网站构建

域名注册与网站设计：选取易于记忆且与品牌形象相契合的域名，设计用户友好的网站界面，确保网站结构清晰、导航便捷。

功能开发：根据业务需求，开发必要的网站功能，如在线购物系统、客户咨询系统、会员管理系统等。

2. 网站优化

用户体验优化：致力于提升网站加载速度、优化页面布局、增强交互性，为用户提供流畅的浏览和使用体验。

搜索引擎优化（SEO）：通过关键词优化、内容更新、链接建设等手段，提高网站在搜索引擎中的排名，从而增加自然流量。

移动端适配：确保网站在各种设备（尤其是移动设备）上都能呈现良好的显示效果和使用体验。

（三）内容营销与推广活动

1. 内容营销

内容创作：根据目标受众的兴趣和需求，创作高质量的文章、视频、图片等内容，以吸引用户关注并提升品牌形象。

内容发布与推广：通过企业网站、社交媒体、博客等平台发布内容，并利用 SEO、社交媒体广告等手段进行广泛推广。

2. 推广活动

线上活动：举办线上优惠促销、抽奖活动、话题讨论等，以吸引用户参与并提高网站流量和转化率。

广告投放：在搜索引擎、社交媒体、行业网站等渠道精准投放广告，以触达目标受众。

（四）用户关系管理

1. 客户服务与售后支持

建立客户服务体系：提供多种渠道（如在线客服、电话客服、邮件客服等）供用户咨询和反馈问题，确保用户问题能够得到及时解决。

优化售后服务流程：不断完善售后服务流程，确保用户在使用过程中遇到问题时能够得到及时、有效的支持。

2. 用户数据分析

数据收集：通过网站分析工具、CRM 系统等手段收集用户行为数据、交易数据等关键信息。

数据分析：对用户数据进行深入分析，了解用户偏好、购买习惯等，为精准营销提供有力支持。

（五）效果评估与策略优化

1. 效果评估

设定评估指标：根据营销目标设定相应的评估指标，如网站流量、转化率、ROI 等关键绩效指标。

数据收集与分析：通过网站分析工具、CRM 系统等手段收集评估数据，并进行深入分析，以找出存在的问题和改进空间。

2. 策略优化

调整营销策略：根据评估结果及时调整营销策略，包括优化营销渠道、内容、预算等，以确保营销活动的持续有效性。

持续改进网站与用户体验：根据用户反馈和数据分析结果，不断改进网站功能和用户体验，以提升用户满意度和忠诚度。

综上所述，电子商务网络营销的实施是一个涉及多个环节的复杂过程。企业需要密切关注市场和竞争对手的变化，以及用户需求的变化，不断调整和优化自身的网络营销策略，以实现商业目标并持续推动业务发展。

二、电子商务网站优化与推广

电子商务网站的优化与推广是网络营销实施的关键环节。一个优化良好的网站可以吸引更多的潜在客户，并提升他们的购物体验。

网站优化包括搜索引擎优化（SEO）和用户体验优化两个方面。通过 SEO 技术，可以提高网站在搜索引擎中的排名，从而增加网站的曝光率。这包括优化网站结构、关键词选择、内容优化等。而用户体验优化则关注提升用户在网站上的浏览和购物体验，例如简化购物流程、提供清晰的导航、优化页面加载速度等。

除了网站优化，推广也是至关重要的一环。通过运用各种推广手段，如搜索引擎营销（SEM）、社交媒体营销、电子邮件营销等，可以将网站推广给更多的潜在客户，并引导他们进行购买。推广活动的成功与否往往直接影响到企业的销售额和市场份额。

三、电子商务网络营销工具与技术

在电子商务网络营销的广阔舞台上，各种工具与技术的巧妙运用构成了其成功的关键要素。它们不仅显著提升了营销效率，更为企业开辟了丰富的商业机遇。

1. 网络营销工具

网络营销工具是电子商务网络营销实施的得力助手，涵盖了从广告创建到客户管理的各个环节。

在线广告平台：这些平台为企业提供了展示广告、吸引潜在客户的高效渠道。通过精确的目标定位和投放策略，企业可以在众多网络用户中准确找到自己的受众群体。

社交媒体管理工具：在社交媒体盛行的今天，这类工具帮助企业轻松管理多个社交媒体账号，定时发布内容，跟踪用户互动，从而有效提升品牌影响力和用户参与度。

电子邮件营销软件：作为传统的网络营销手段，电子邮件营销依然保持着其独特的魅力。通过专业的软件，企业可以发送个性化的邮件，进行产品推广、客户关怀等活动，进一步加深与客户的联系。

2. 网络营销技术

网络营销技术的不断创新为电子商务网络营销注入了新的活力，使得营销策略更加精准、高效。

大数据分析与人工智能：这两者的结合使得企业能够深入挖掘客户数据，了解客户的真实需求和购买行为模式。基于这些洞察，企业可以制定更加个性化的营销策略，提高营销效果。

移动支付技术：随着移动设备的普及，移动支付技术为电子商务网络营销带来了极大的便利。客户可以随时随地进行在线支付，完成购买行为，这大大降低了交易的门槛，提高了购买转化率。

区块链技术：虽然区块链技术在电子商务网络营销中的应用尚处于探索阶段，但其独特的去中心化、可追溯等特点为数据安全、信任建立等方面提供了新的解决方案。未来，区块链技术有望在电子商务网络营销中发挥更加重要的作用。

综上所述，电子商务网络营销的成功离不开各种工具与技术的支持。企业需要紧跟时代步伐，不断学习和掌握新的工具和技术，以在激烈的市场竞争中脱颖而出。同时，企业还应注重工具与技术的整合应用，形成协同效应，最大化地提升网络营销的效果。

3. 网络营销工具应用案例

（1）在线广告平台。

Google Ads：企业通过 Google Ads 平台创建和管理搜索引擎广告，利用关键词竞价排名的方式在 Google 搜索结果中展示广告，吸引潜在客户的点击，从而提高网站流量和转化率。

Facebook 广告：企业在 Facebook 平台上投放定制化的广告，利用 Facebook 的用户数据分析功能，精确定位目标受众，提高广告的曝光率和点击效果。

（2）社交媒体管理工具。

Hootsuite：企业利用 Hootsuite 平台整合多个社交媒体账号，统一管理和发布内容。通过 Hootsuite 的定时发布功能，企业可以提前规划好社交媒体营销活动，确保内容按时发布，提高工作效率。

Buffer:Buffer 不仅支持社交媒体内容的定时发布，还提供了智能的内容优化建议。企业可以根据平台特性和受众喜好，调整发布内容，提高用户互动率。

（3）电子邮件营销软件。

Mailchimp：企业通过 Mailchimp 平台创建个性化的电子邮件营销活动，利用邮件模板和自动化功能，轻松地向订阅用户发送促销信息、产品更新等内容。Mailchimp 还提供了丰富的数据分析功能，帮助企业评估邮件营销效果。

4. 电子商务网络营销效果评估

网络营销效果评估是电子商务网络营销实施的最后一步，也是至关重要的一步。通过对营销效果进行客观、准确的评估，企业可以了解营销活动的成效，并为未来的营销活动提供有益的参考。

网络营销效果评估可以从多个方面进行，包括网站流量、转化率、销售额、客户满意度等。通过对这些指标的监测和分析,企业可以了解营销活动的实际效果,并找出存在的问题和改进的方向。

同时,网络营销效果评估还需要考虑长期和短期的效果。短期效果可能包括销售额的提升和网站流量的增加,而长期效果则可能包括品牌知名度的提高和客户忠诚度的提升。在评估过程中,企业需要综合考虑这些方面,以得出更全面的结论。

任务四 电子商务网络营销案例分析

电子商务网络营销的实施是一个复杂而系统的过程。通过制定明确的营销计划、对网站进行优化与推广、运用各种营销工具与技术以及进行效果评估,企业可以成功地实施网络营销策略并实现商业目标。同时,通过具体的案例分析,我们可以更深入地了解这一过程的实际操作和效果。

在电子商务领域,网络营销的成功与否直接关系到企业的生死存亡。通过对成功案例和失败案例的深入剖析,我们可以提炼出宝贵的经验和教训,为未来的网络营销活动提供有益的指导。以下是对一个成功案例和一个失败案例的详细分析。

一、成功案例剖析

在电子商务领域,网络营销的成功案例不胜枚举。以下将从网络营销工具与技术的运用角度,剖析几个典型的电子商务平台网络营销成功案例。

【案例一】酒仙网的"双11"网络营销案例

背景:酒仙网作为中国领先的酒类电商平台,在"双11"期间通过创新的网络营销策略取得了巨大成功。

网络营销工具与技术应用:

多平台整合营销:酒仙网充分利用微博、微信等社交媒体平台,结合电商平台资源,进行多渠道、多平台的整合营销。通过微博抛出热门话题,如#双11等酒了#,吸引用户关注;微信则用于深度互动和口碑传播,形成线上线下联动的营销网络。

明星与KOL(Key Opinion Leader,关键意见领袖)合作:酒仙网邀请当红明星和知名意见领袖参与互动,利用他们的影响力提升品牌曝光度和用户信任度。明星互动微博在"双11"期间名列热门微博榜第一位,有效吸引了大量潜在消费者的关注。

个性化推荐与优惠策略:酒仙网利用大数据和人工智能技术,分析用户购买行为,为用户提供个性化的商品推荐和优惠信息。这种精准营销策略提高了用户的购买意愿和转化率。

成效:酒仙网在"双11"当天全网完成销售2.21亿元,其中第一个小时就销售4000

万元,远超过去年同期全天的三分之二,成为酒类电商的最大赢家。

【案例二】LOVO家纺与兔斯基的跨界合作案例

背景:LOVO家纺作为罗莱旗下的电子商务品牌,通过与兔斯基漫画形象的跨界合作,成功吸引了年轻用户群体的关注。

网络营销工具与技术应用:

创意视频营销:LOVO家纺拍摄了一系列创意视频,将兔斯基形象与品牌理念巧妙结合。视频通过地铁场景、嫦娥与兔斯基的创意故事等元素,唤醒了用户对兔斯基的记忆,并成功植入了品牌信息。

社交媒体造势:在视频预热和发布过程中,LOVO家纺充分利用社交媒体平台进行话题创造和传播。通过微博、微信等渠道发布话题性内容,吸引用户参与讨论和分享,形成病毒式传播效果。

限量新品首发:LOVO家纺推出兔斯基系列全球独家首发新品,通过限时限量销售的方式制造紧迫感,激发用户的购买欲望。新品首发取得了巨大成功,开团10分钟即售出1 000套。

成效:LOVO家纺通过跨界合作和创意视频营销,成功吸引了年轻用户群体的关注,提升了品牌知名度和美誉度。兔斯基系列限量新品的热销进一步巩固了品牌在年轻用户心中的地位。

【案例三】点晶网络助力松下"白月光IP"跨界宠物营销案例

背景:点晶网络作为电商代运营服务商,通过精准洞察市场需求和消费者行为,助力松下洗护品牌打造"白月光IP",成功实现销量和市场份额的双重提升。

网络营销工具与技术应用:

人群洞察与精准营销:点晶网络通过市场调研和用户数据分析,发现养宠家庭对衣物除毛、除菌等需求强烈。基于此洞察,点晶网络将松下白月光洗烘套装定位为满足养宠家庭隐性刚需的产品。

跨界合作与创意内容:点晶网络与宠物领域相关KOL合作,共同打造创意内容,推广松下白月光洗烘套装。通过宠物场景下的产品试用和体验分享,增强用户对产品的认知和信任度。

全域营销策略:点晶网络通过线上线下融合的全域营销策略输出帮助松下洗护品牌实现爆款打造及销售突破。在线上平台通过精准广告投放和社交媒体互动提升品牌曝光度;在线下则通过体验店和促销活动等方式引导用户购买。

成效:截至2023年年底,松下白月光系列爆款产品销售达到3亿元的成绩,并创造了两款天猫大促期间类目销量第一的套装商品。通过精准洞察市场需求和创意营销策略的应用,点晶网络成功助力松下洗护品牌实现市场突破和销量增长。

以上案例展示了电子商务平台在网络营销过程中如何巧妙运用各种工具与技术提升品牌影响力和销售业绩。这些成功案例为其他企业提供了宝贵的经验和启示。

二、失败案例反思

案例名称：某新兴电商平台"618"大促营销活动

案例背景：该平台作为一个新兴电子商务平台，试图通过"618"大促活动提升品牌知名度和市场份额。然而，活动结果却远未达到预期。

问题所在：

（1）市场定位不准确：该平台试图模仿其他知名电商平台的促销策略，但没有根据自身特点进行市场定位。

（2）营销策略单一：活动主要依赖价格优惠吸引消费者，缺乏创新和差异化。

（3）技术支持不足：平台在活动期间出现了多次技术故障，如页面加载缓慢、支付失败等。

（4）用户体验不佳：消费者在购物过程中遇到了诸多问题，如客服响应慢、退换货流程烦琐等。

教训与改进措施：

（1）精准定位市场：新兴电商平台在制定营销策略时，应首先明确自身的市场定位和目标受众。

（2）创新营销策略：避免盲目模仿其他平台的策略，注重创新和差异化，以吸引更多消费者。

（3）加强技术支持：确保平台在活动期间能够稳定运行，提供顺畅的购物体验。

（4）提升用户体验：优化客服响应速度、简化退换货流程等，提高消费者满意度。

通过对以上案例的深入分析，我们可以得出以下结论：

电子商务网络营销的成功离不开精准的市场定位、创新的营销策略、强大的品牌影响力和先进的技术支持。

在制定营销策略时，企业应充分考虑自身特点和目标受众的需求，避免盲目模仿其他平台。

技术支持和用户体验是电子商务网络营销中不可或缺的两个环节，企业应注重在这两个方面的投入和优化。

通过对成功案例和失败案例的反思和学习，企业可以不断提炼经验和教训，为未来的网络营销活动提供有益的指导。

任务五　电子商务网络营销新趋势

随着科技的飞速发展和消费者行为的不断变化，电子商务网络营销正面临着新的趋势和挑战。以下是对当前电子商务网络营销新趋势的详细分析，包括移动电子商务与网络营销、社交电子商务与网络营销、大数据与智能化网络营销以及跨境电子商务与网络营销。

一、移动电子商务与网络营销

移动互联网的普及和智能手机用户的不断增加，使得移动电子商务成为当前网络营销的重要趋势。移动电子商务不仅改变了消费者的购物习惯，也为企业提供了更多的营销机会。

移动电子商务的便利性使得消费者可以随时随地进行购物，不受时间和地点的限制。企业可以通过移动应用、移动支付等方式，为消费者提供更加便捷的购物体验。同时，移动电子商务也为企业提供了更多的营销渠道，如移动广告、短信营销等。

在移动电子商务时代，企业需要注重移动端的用户体验和交互设计。优化移动网站的加载速度、简化购物流程、提供个性化的推荐服务等，都是提高移动端用户体验的关键。此外，企业还可以通过移动应用与消费者进行互动，如推送优惠券、提供售后服务等，以增强消费者对品牌的忠诚度。

二、社交电子商务与网络营销

社交媒体的普及和影响力的不断扩大，使得社交电子商务成为当前网络营销的重要趋势。社交电子商务通过社交媒体平台与电子商务的结合，为消费者提供了更加便捷、有趣的购物体验。

在社交电子商务中，企业可以通过社交媒体平台与消费者进行互动，了解消费者的需求和反馈，提供更加个性化的产品和服务。同时，企业还可以通过社交媒体广告、KOL推广等方式，扩大品牌的影响力和知名度。

社交电子商务的成功关键在于与消费者的互动和信任建立。企业需要注重在社交媒体平台上与消费者的沟通，及时回复消费者的留言和评论，解决消费者的问题。此外，企业还可以通过社交媒体平台与消费者建立情感联系，如分享品牌故事、发布有趣的内容等，以增强消费者对品牌的认同感和忠诚度。

三、大数据与智能化网络营销

大数据和人工智能技术的发展，为电子商务网络营销带来了更多的可能性。大数据可以帮助企业更加深入地了解消费者的需求和行为模式，制定更加精准的营销策略。而人工智能则可以通过机器学习等技术，实现自动化的营销决策和优化。

在大数据与智能化网络营销中，企业可以利用大数据分析工具，对消费者的购物行为、浏览记录、搜索关键词等数据进行深入分析，了解消费者的需求和偏好。基于这些数据，企业可以制定更加个性化的营销策略，如推送个性化的广告、提供个性化的推荐服务等。

同时，人工智能技术也可以帮助企业实现自动化的营销决策和优化。例如，通过机器学习算法，企业可以预测消费者的购买行为，制定更加精准的促销策略。此外，人工智能技术还可以帮助企业实现自动化的客户服务，如智能客服机器人等，提高客户服务效率和质量。

四、跨境电子商务与网络营销

随着经济全球化进程的加速，跨境电子商务与网络营销成为当前的重要趋势。跨境电子商务为企业提供了更广阔的市场和更多的商业机会。

在跨境电子商务中，企业需要面对不同国家和地区的消费者，了解不同市场的需求和法律法规。同时，企业还需要解决跨境支付、物流配送等问题，为消费者提供更加便捷的购物体验。

在跨境电子商务与网络营销中，企业可以通过多语言网站、国际社交媒体平台等方式，扩大品牌在国际市场的影响力。同时，企业还可以利用跨境电子商务平台，如阿里巴巴国际站等，拓展海外市场。在营销策略上，企业需要注重本土化策略的制定和执行，了解不同市场的文化和消费习惯，提供更加符合当地消费者需求的产品和服务。

综上所述，电子商务网络营销正面临着新的趋势和挑战。移动电子商务、社交电子商务、大数据与智能化网络营销以及跨境电子商务等趋势的发展，为企业提供了更多的营销机会和挑战。企业需要不断适应这些新趋势的发展，创新营销策略和手段，提高营销效率和效果。同时，企业还需要注重消费者权益的保护和营销伦理的遵守，实现可持续的营销活动和发展。

基础练习

一、单项选择题

1. 网络营销又称为（　　）。
   A. 传统营销　　　　B. 实体营销　　　　C. 互联网营销　　　　D. 线下营销
2. 以下哪一项不属于网络营销的微观环境？（　　）
   A. 顾客　　　　　　B. 竞争者　　　　　C. 经济环境　　　　　D. 企业内部环境
3. 饥饿营销策略的核心在于（　　）。
   A. 大量生产，快速销售　　　　　　　　B. 制造稀缺感，激发购买欲望
   C. 降低价格，促进销售　　　　　　　　D. 提供大量赠品，吸引顾客
4. 社交媒体营销中，企业通常利用（　　）来增加品牌曝光度。
   A. 电视广告　　　　B. 报纸杂志　　　　C. 社交媒体平台　　　D. 户外广告
5. 大数据在网络营销中的主要作用是（　　）。
   A. 提供传统市场调研数据　　　　　　　B. 进行个性化推荐和精准营销
   C. 设计产品外观　　　　　　　　　　　D. 管理企业财务

二、填空题

1. 网络营销突破了传统营销的地域和时间限制，具有_____性。
2. _____营销强调企业与消费者之间的双向沟通和互动。
3. _____优化是提升网站在搜索引擎中排名的重要手段。

4. 电子商务网络营销的核心目标是推动产品销售、_____和_____。
5. 大数据和_____技术的结合，推动了网络营销的智能化发展。

三、简答题
简述网络营销与传统营销的主要区别。

四、实训题
设计一项针对特定节日（如中秋节）的电子商务网络营销活动方案，包括目标市场分析、营销渠道选择、活动策划、预算分配及效果评估计划。

项目五
电子商务与供应链管理

一、知识目标

（1）掌握供应链管理的概念和电子商务对供应链管理的重要性。
（2）掌握电子商务环境下供应链管理的发展趋势。
（3）掌握电子商务支持供应链管理的主要途径。

二、能力目标

（1）能够利用电子商务优化供应链管理。
（2）能够了解电子商务对供应链的影响。

三、素养目标

（1）培养学生形成服务意识和协作精神，能够利用电子商务优化供应链管理，提高供应链的效率和响应速度。
（2）培养学生逻辑思维能力、良好的动手能力以及实操能力。

 案例导入

案例一：

章 Q 科技的供应链协同策略

章 Q 科技是一家专注于智能家居产品研发与销售的电子商务公司。面对市场需求波动大、产品更新迭代快的挑战，章 Q 科技实施了全面的供应链协同管理策略。通过建立一个基于云计算的信息共享平台，章 Q 科技将供应商、制造商、分销商和客户紧密联系起来，实现了信息的实时同步和透明共享。

章 Q 科技的供应链管理创新主要体现在以下几个方面：

1.供应商关系管理 E 化：章 Q 科技采用严格的供应商遴选标准，并通过电子商务平台进行全球招标，选择最具竞争力的供应商。同时，平台提供标准化的信息沟通接口，

确保供应商能够快速响应市场需求变化。

2.需求预测与生产计划 E 化：利用大数据分析和人工智能技术，章 Q 科技精准预测市场需求，并将预测结果实时传递给供应商和制造商，确保生产计划与市场需求高度匹配，减少库存积压和缺货风险。

3.物流外包与流程优化：章 Q 科技将物流业务外包给专业的第三方物流公司，并通过信息系统实现对物流全过程的监控和管理。同时，通过优化仓储和配送流程，提高物流效率，降低物流成本。

案例二：

绿 A 食品的供应链透明化实践

绿 A 食品是一家以有机食品为主打产品的电子商务公司。为了满足消费者对食品安全和品质的高度关注，绿 A 食品实施了供应链透明化管理策略。通过区块链技术，绿 A 食品将供应链上的每一个环节信息记录下来，从原材料采购、生产加工、仓储物流到销售终端，确保信息的真实性和可追溯性。

绿 A 食品的供应链管理亮点包括：

1.供应链信息透明化：消费者可以通过扫描产品上的二维码，查看产品的全生命周期信息，包括原材料来源、生产日期、检测报告等，增强消费者对产品的信任度。

2.品质控制与追溯：绿 A 食品利用区块链技术建立品质控制体系，对供应链上的每一个环节进行严格监控，确保产品质量。同时，一旦出现质量问题，可以快速追溯问题源头，及时进行处理。

【思考】1.如何通过电子商务技提升供应链管理的效率？

2.供应链透明化对提升消费者信任度有何重要作用？

任务一　认识电子商务与供应链管理

一、初识电子商务对供应链管理的影响

（一）供应链管理的概念

供应链管理（Supply Chain Management，SCM）是一种全面而系统的管理策略，它覆盖了从原材料的采购到制成最终产品，再到将产品送达最终用户手中的整个流程。这一概念的核心在于通过高效地管理供应链中的各个环节，实现资源的最优化配置和整体运作效率的提升。供应链管理强调整个供应链作为一个统一的整体进行运作。它不仅仅

是企业内部物流、生产、销售等职能的整合,更是超越了企业边界,涵盖了供应商、制造商、分销商、零售商以及最终用户之间的紧密合作与协调。

供应链管理是一种全面、系统的管理方法,它通过整合和优化供应链中的各个环节,实现了从原材料采购到产品交付的整个过程的高效运作,为企业带来了竞争优势和可持续发展能力。主要包括以下关键点:

1. 供应链管理强调客户需求的中心地位

它要求企业从客户的需求出发,设计和管理供应链,以确保产品和服务能够及时、准确地满足客户的需求。

2. 供应链管理追求供应链整体运作的最优化

通过合理安排生产计划、物流配送、库存控制等环节,降低整体成本,提高响应速度和市场适应性。企业之间通过建立战略合作伙伴关系,实现资源共享、风险共担,从而提高整个供应链的竞争力。

3. 供应链管理重视信息技术的作用

在现代供应链中,信息技术是连接各环节的纽带,通过信息共享和实时沟通,实现供应链的高效运作。

4. 供应链管理倡导协同合作

供应链管理的目标是实现多赢的局面。通过优化供应链运作,不仅可以为企业降低成本、提高盈利能力,还能够提升客户满意度,增强市场竞争力。

(二)电子商务与供应链管理的关系

电子商务与供应链管理之间的关系是相辅相成、相互促进的。电子商务推动了供应链管理的创新和优化,而供应链管理则为电子商务提供了坚实的基础和高效的运营支持。通过不断改进和适应,企业能够利用电子商务与供应链管理的结合,实现持续增长和竞争优势。

1. 电子商务推动供应链管理创新

随着互联网技术的迅速发展,电子商务改变了传统商业模式,也对供应链管理提出了新的要求。在这一背景下,供应链管理必须进行创新以适应电子商务的发展。首先,电子商务的高效率和实时性要求供应链管理具备更高的灵活性和响应速度。企业通过引入先进的供应链管理软件和技术,如企业资源计划(ERP)、客户关系管理(CRM)系统等,实现了信息的实时共享和流程的自动化,从而提高了供应链的整体效率。其次,电子商务平台积累了大量的客户数据,这些数据对于供应链管理至关重要。通过数据挖掘和分析,企业能够更准确地预测市场需求,优化库存管理,减少库存成本。最后,电子商务的全球化特征要求供应链管理能够跨越地域界限,实现全球资源整合和协同作业。

2. 供应链管理支撑电子商务运营

供应链管理是电子商务成功运营的重要支撑。一个高效、协同的供应链能够确保电子商务平台的订单及时、准确地得到履行。在供应链管理中，物流配送是电子商务最为关键的一环。通过优化物流网络、提高配送效率，企业能够提升客户满意度和忠诚度。同时，供应链管理中的库存控制对于电子商务也至关重要。合理的库存管理策略可以保证产品供应的稳定性，减少缺货和过剩库存的风险。此外，供应链管理还能够通过供应商关系管理和协同作业，降低采购成本，提高供应链的整体竞争力。这些因素共同构成了电子商务运营的基础，使得企业能够在激烈的市场竞争中保持优势。

3. 提高市场响应速度和客户满意度

电子商务环境下，市场的变化速度加快，客户对产品和服务的期望也在不断提高。供应链管理在这一过程中扮演着提高市场响应速度和客户满意度的关键角色。通过精细化的需求预测和灵活的生产计划，企业能够快速响应市场变化，满足客户的个性化需求。供应链管理中的协同作业和信息共享机制，使得企业能够与供应商、分销商和零售商紧密合作，共同应对市场变化。此外，供应链管理还能够通过提供高质量的客户服务，如快速响应客户咨询、高效的物流配送和便捷的退换货服务，提高客户的满意度和忠诚度。

4. 降低运营成本和提高盈利能力

电子商务与供应链管理的有效整合，能够帮助企业降低运营成本，提高盈利能力。供应链管理通过优化采购、生产、库存和物流等环节，减少了浪费，提高了资源利用率。电子商务的高效流程和自动化技术，如在线订单处理、电子支付等，降低了人力成本和时间成本。同时，供应链管理还能够通过精细化的成本控制和绩效评估，发现潜在的节约机会，进一步提高盈利能力。此外，通过提供增值服务，如产品定制、快速响应等，企业能够在电子商务市场中脱颖而出，实现更高的附加值和利润率。

二、了解电子商务对供应链管理的影响

（一）电子商务对供应链管理的影响

电子商务作为一种新型的商业交易模式，以其高效、便捷的特点在全球范围内迅速发展。电子商务对供应链管理产生了深远的影响。它提升了信息流效率，推动了物流与配送系统的创新，改变了供应链结构，促进了客户服务的个性化与响应速度的提升，变革了供应链协同与合作伙伴关系，同时也带来了新的风险管理挑战。面对这些影响，企业需要不断适应和创新，以保持竞争力并实现可持续发展。

1. 信息流效率的极大提升

电子商务通过互联网技术极大地提升了供应链中的信息流效率。企业可以通过电子商务平台实现与供应商、分销商以及最终消费者之间的实时信息交流，这大大缩短了信息传递的时间，减少了信息失真的可能性。借助云计算和大数据技术，企业能够对市场动态、消费者行为进行深入分析，从而更准确地预测需求，制定生产计划。

此外，电子商务还促进了供应链可视化，使得企业能够实时监控产品的流通情况，快速响应供应链中的任何变化。这种信息流的优化不仅提高了供应链的透明度，还为供

应链管理提供了更加科学、精准的决策依据。

2. 物流与配送系统的创新

电子商务对物流和配送系统产生了革命性的影响。传统的物流模式已经无法满足电子商务对速度和效率的要求，因此推动了物流行业的创新。智能物流系统、无人机配送、自动化仓库等技术的应用，使得物流过程更加高效、准确。

电子商务平台通过整合线上线下资源，优化配送路线，减少了运输成本和时间。同时，电子商务还推动了物流服务的个性化，企业可以根据消费者的需求提供定制化的物流服务，如即时配送、预约送货等，这极大地提升了消费者的购物体验。

3. 供应链结构的变化

电子商务的出现改变了传统的供应链结构，使其变得更加扁平化和网络化。在电子商务模式下，供应商、制造商、分销商和零售商之间的界限变得模糊，各环节之间的联系更加紧密。这种变化减少了中间环节，降低了交易成本，提高了供应链的整体效率。

扁平化的供应链结构使得信息传递更加迅速，市场响应更加敏捷。网络化的供应链结构则促进了资源的共享和优化配置，企业可以通过电子商务平台整合全球资源，实现供应链的全球化运作。

4. 客户服务的个性化与响应速度的提升

电子商务时代，客户服务的个性化和响应速度成为企业竞争的关键。企业可以通过电子商务平台收集和分析消费者的数据，了解其偏好和行为，从而提供更加个性化的产品和服务。

在供应链管理中，这种个性化不仅体现在产品设计和定制上，还体现在订单处理、物流配送等环节。企业可以根据消费者的实时反馈，快速调整生产和供应链策略，满足市场的多样化需求。同时，电子商务平台还为企业提供了高效的客户服务工具，提升了客户体验和满意度。

5. 供应链协同与合作伙伴关系的变革

电子商务推动了供应链协同作业的发展，企业之间的合作关系发生了根本性的变化。在电子商务模式下，供应链参与者不再仅仅是交易关系，而是形成了紧密的合作伙伴关系。

企业通过电子商务平台与供应商、分销商等进行协同作业，共享资源，共同应对市场变化。这种协同不仅提高了供应链的效率，还增强了供应链的竞争力。同时，电子商务还促进了供应链金融的发展，企业可以通过电子商务平台实现资金的快速流转，降低融资成本。

6. 供应链风险管理的新挑战

虽然电子商务为供应链管理带来了诸多便利，但同时也带来了新的风险和挑战。在电子商务环境下，供应链面临着网络安全风险、数据泄露风险等新型风险。

企业需要加强对供应链风险的管理，采取有效的安全措施保护数据和隐私。同时，企业还需要关注供应链中的法律风险、合规风险等，确保供应链的稳健运作。这些挑战要求企业在供应链管理中更加注重风险控制和应急准备。

任务二　理解电子商务优化供应链管理

一、电子商务优化供应链管理的策略

电子商务可以有效地提升供应链管理的效率和质量，为企业带来更高的市场份额和客户满意度。随着电子商务的不断发展和创新，企业需要不断调整和优化供应链管理策略，以适应新的市场环境和客户需求。

1. 提高供应链透明度和信息流效率

实现供应链各环节信息的实时共享，包括订单状态、库存水平、物流位置等。这种透明度有助于企业及时了解供应链状况，快速做出决策。通过电子商务平台，企业可以自动化处理订单、支付和物流等流程。这不仅提高了操作效率，还减少了人为错误，降低了运营成本。为企业提供了大量数据，包括销售记录、客户反馈、市场趋势等。通过对数据的分析，企业可以更准确地预测市场需求，优化库存管理，减少库存积压和缺货风险。促进供应链各方之间的协同作业，如供应商与制造商之间的生产计划协同、制造商与分销商之间的库存协同等。这种协同作业有助于提高供应链的整体效率。

2. 优化供应链网络结构

电子商务的发展要求供应链网络更加灵活和高效，以满足快速变化的市场需求。企业可以通过电子商务平台整合供应链中的各个环节，包括供应商、制造商、分销商和零售商。这种整合有助于实现资源的优化配置和协同作业，提高供应链效率。电子商务平台支持多渠道配送模式，企业可以根据客户需求和物流成本，选择最合适的配送方式。这种灵活性有助于提高客户满意度，降低物流成本。电子商务环境下的供应链管理需要能够快速响应市场变化。企业可以通过电子商务平台灵活调整生产和配送策略，以满足市场需求。通过电子商务平台，企业可以分析供应链网络中的瓶颈和问题，进行优化调整。例如，通过优化配送路线、调整库存分布等方式，提高供应链的整体效率。

3. 提高物流配送效率

物流配送是电子商务供应链管理的关键环节，提高配送效率对于提升客户体验至关重要。引入智能物流系统，如自动化仓库、智能配送机器人等，可以大幅提高物流效率。这些系统能够自动化处理货物的存储、分拣和配送，减少人力成本。通过电子商务平台，客户可以实时跟踪订单状态。这要求企业具备高效的物流跟踪系统，确保配送的透明度和可追溯性。利用先进的物流算法，优化配送路线，减少运输时间和成本。这有助于提高配送效率，降低物流成本。电子商务平台鼓励物流服务创新，如无人机配送、共享物

流等。这些创新服务可以提高配送效率，提升客户体验。

4. 实施个性化服务和客户关系管理

电子商务为企业提供了更多与客户互动的机会，通过个性化服务和客户关系管理，可以提升客户满意度和忠诚度。基于客户的历史购买数据和浏览行为，电子商务平台可以提供个性化的产品推荐。这有助于增加销售机会，提高客户满意度。企业可以建立有效的客户反馈机制。这有助于及时收集客户意见，改进产品和服务。实施客户忠诚度计划，如积分奖励、会员特权等，可以鼓励客户重复购买，建立长期客户关系。利用社交媒体平台，企业可以与客户建立更紧密的联系，推广产品和服务，提高品牌知名度。

5. 加强供应链风险管理

在电子商务环境下，供应链风险管理变得尤为重要。建立健全的风险监控体系，实时监控供应链中的潜在风险，如供应中断、价格波动等。通过多元化供应商、多渠道配送等方式，分散供应链风险，减少对单一资源的依赖。利用保险和合同等手段，转移或减轻供应链风险。这有助于确保企业运营的稳定性，降低潜在的损失。制定应急响应计划，以应对供应链中断等突发事件。这有助于企业快速恢复运营，减少风险影响。

二、电子商务背景下供应链管理发展趋势

在电子商务的背景下，供应链管理正在经历一场深刻的变革，正呈现出智能化、协同化、绿色化、客户导向化和风险管理化的发展趋势。企业需要紧跟这些趋势，不断调整和创新供应链管理模式，以适应不断变化的市场环境和消费者需求。

1. 智能化与自动化

随着人工智能、物联网、大数据分析等技术的发展，供应链管理正逐渐向智能化和自动化转变。智能供应链系统可以实时监控供应链的各个环节，自动调整库存、优化配送路线、预测需求变化，从而提高供应链的效率和响应速度。

自动化技术如自动化仓库、无人机配送等，不仅能够降低人力成本，还能提高作业的准确性和效率。例如，通过使用智能机器人进行货物分拣，可以大幅提高物流中心的作业效率，减少错误率。企业正在利用机器学习算法对大量数据进行分析，以预测市场趋势和消费者需求，从而做出更加精准的决策。智能化的供应链管理将帮助企业更好地适应市场变化，提升竞争力。

2. 供应链协同与生态圈建设

在电子商务时代，供应链协同变得尤为重要。企业之间的竞争不再是单个企业之间的竞争，而是供应链与供应链之间的竞争。供应链协同强调企业之间的紧密合作，共享信息和资源，共同应对市场变化。通过电子商务平台，企业可以与供应商、分销商、物流公司等合作伙伴实现信息共享，协同作业，提高整个供应链的效率和灵活性。生态圈建设则是指企业通过整合上下游资源，构建一个互惠互利、共同发展的商业生态系统。在这个生态系统中，各参与方共同创新，共同成长，实现了供应链价值的最大化。

3. 绿色供应链与可持续发展

随着大众环保意识的提高和法律法规的严格要求，绿色供应链和可持续发展成为电子商务背景下供应链管理的重要趋势。企业不仅需要关注供应链的效率，还需要关注供应链的环境影响和社会责任。

绿色供应链管理包括采用环保包装材料、优化物流配送以减少碳排放、实现废弃物的循环利用等。企业通过实施绿色供应链策略，不仅可以减少环境污染，还能提升企业形象，吸引更多注重环保的消费者。

可持续发展则要求企业在供应链管理中考虑长期发展，平衡经济、社会和环境三方面的利益。企业通过推广可持续采购、绿色生产、社会责任等实践，为企业的长期发展奠定坚实的基础。

4. 客户导向与个性化服务

在电子商务时代，消费者拥有更多的选择权和话语权，因此供应链管理正逐渐向客户导向转变。客户导向的供应链管理要求企业收集和分析客户数据，深入了解客户偏好和行为，从而提供更加精准的产品和服务。例如，通过大数据分析预测客户需求，实现按需生产，减少库存积压。

个性化服务则体现在产品定制、物流配送、售后服务等方面。企业通过提供个性化的服务，不仅能提升客户满意度，还能增强客户忠诚度，促进企业的持续发展。

5. 风险管理与技术应对

电子商务背景下，供应链管理面临着诸多风险，如网络安全风险、数据泄露风险、供应链中断风险等。企业需要建立完善的风险管理体系，包括风险识别、风险评估、风险应对和风险监控等。通过技术手段，如区块链技术、云计算服务等，企业可以更好地应对这些风险。

区块链技术可以提供不可篡改的数据记录，增强供应链的透明度和信任度。云计算服务则可以提供弹性的计算资源和数据存储，帮助企业快速应对市场变化和供应链中断。

三、企业如何适应电子商务环境下的供应链管理变革

企业适应电子商务环境下的供应链管理变革需要从转变传统管理理念、建立信息化系统、优化采购和库存管理、加强风险管理、加强协同合作以及加强人才培养和管理等方面入手。通过这些措施的实施，企业可以提升供应链管理的效率和效果，提高企业的竞争力和市场地位。同时，企业还需要不断关注电子商务和供应链管理的最新发展趋势和技术手段，积极探索和创新实践，以适应不断变化的市场环境。

1. 转变传统供应链管理理念

首先需要转变传统的管理理念，将电子商务的理念和供应链管理相结合，从全局角度出发，优化供应链管理流程，提高供应链的效率和响应速度。采购和库存管理需要更

加灵活和高效。企业可以通过电子采购平台，实现供应商、制造商和客户的无缝衔接，降低采购成本。同时，通过实时库存管理，可以更好地掌握库存状况，减少库存积压和浪费。

2. 建立信息化供应链管理系统

电子商务环境下的供应链管理需要依赖信息化技术手段，建立信息化供应链管理系统，实现供应链各环节的信息共享和实时跟踪，提高供应链的透明度和协同性。同时，利用数据分析工具，可以更好地了解市场需求和供应链状况，为决策提供数据支持。

3. 加强供应链风险管理

电子商务环境下的供应链风险更加复杂和多样化，企业需要加强供应链风险管理，包括提高信息安全保护、建立应急预案、加强供应商风险管理等方面。利用风险评估和预警机制，可以及时发现和应对潜在风险，确保供应链的稳定运行。

4. 加强供应链协同合作

电子商务环境下的供应链协同合作变得尤为重要。企业需要加强与供应商、制造商、客户之间的合作，实现资源共享和优势互补，提高整体竞争力。同时，通过建立协同平台和激励机制，可以鼓励供应链各环节积极参与协同合作，提高协同效应。

5. 加强人才培养和管理

在电子商务环境下，企业需要加强供应链管理人才的培养和管理。企业可以通过建立完善的培训体系、人才选拔机制和激励机制等方式，提高供应链管理人员的专业素质和能力，为适应电子商务环境下的供应链管理变革提供人才保障。

基础练习

一、单项选择题

1. 电子商务中，以下哪个环节是供应链管理的重要部分？（　　）
   A. 库存管理　　　B. 物流配送　　　C. 生产计划　　　D. 销售预测

2. 在电子商务环境下，企业应如何优化供应链管理？（　　）
   A. 加强信息共享　　　　　　　　　B. 提高库存水平
   C. 减少生产批次　　　　　　　　　D. 加强供应链协作

3. 电子商务如何帮助企业实现销售预测的自动化？（　　）
   A. 利用大数据分析　　　　　　　　B. 采用人工智能技术
   C. 利用物联网技术　　　　　　　　D. 利用云计算技术

4. 以下哪个因素对电子商务企业的供应链管理影响最大？（　　）
   A. 运输成本　　　B. 库存水平　　　C. 市场需求　　　D. 生产计划

5. 供应链管理在电子商务中的核心作用是什么？（　　）
   A. 提高运营效率　　　　　　　　　B. 降低成本

C. 提升产品质量 D. 优化客户服务

二、多项选择题

1. 以下哪些属于电子商务的关键组成部分？（　　）
   A. 企业内部网　　　B. 企业外部网　　　C. 电子支付系统　　　D. 电子贸易
2. 电子商务环境下的供应链管理特点包括以下哪些？（　　）
   A. 信息传递速度更快　　　　　　B. 更高效的库存管理
   C. 增加中间环节　　　　　　　　D. 提高客户满意度
3. 以下哪些因素对电子商务时代的供应链管理产生了影响？（　　）
   A. 经济全球化　　　　　　　　　B. 互联网技术的发展
   C. 供应链协同　　　　　　　　　D. 消费者需求多样化
4. 在电子商务环境下，供应链管理的目标包括以下哪些？（　　）
   A. 降低成本　　　　　　　　　　B. 提高效率
   C. 提升客户满意度　　　　　　　D. 降低市场竞争力
5. 以下哪些属于供应链管理中的关键环节？（　　）
   A. 采购管理　　　B. 库存管理　　　C. 物流配送　　　D. 客户服务

三、名词解释

1. 供应链管理

2. 库存优化

3. 供应链协同

四、简答题

1. 简述电子商务对供应链管理的影响。

2. 解释什么是供应链协同,并说明其重要性。

3. 列举三种电子商务环境下的供应链管理工具或技术。

项目六
电子商务客户服务

 学习目标

一、知识目标

（1）理解电子商务客户服务的概念。
（2）理解电子商务客户服务技巧。
（3）掌握电子商务客户沟通技巧。

二、能力目标

（1）能够归纳电子商务客户服务概念、技巧。
（2）掌握电子商务客户沟通技巧。

三、素养目标

（1）培养学生形成服务意识和协作精神。
（2）培养学生创新思维能力。

 案例导入

王永庆卖米的故事[1]

王永庆15岁小学毕业后，到一家米店做学徒。第二年，他用跟父亲借来的200元钱做本金自己开了一家小的米店。为了和隔壁那家日本米店竞争，王永庆颇费了一番心思。

当时大米加工技术比较落后，出售的大米里混杂着米糠、沙粒、小石头等，买卖双方都是见怪不怪。王永庆则多了一个心眼，每次卖米前都把米中的杂物拣干净，这一额外的服务深受顾客欢迎。

王永庆卖米多是送米上门，他在一个本子上详细记录了顾客家有多少人、一个月吃

---

[1] 案例来源于：王永庆卖米的故事[J]. 水禽世界, 2007 (04): 53.

多少米、何时发薪等。算算顾客的米该吃完了，就送米上门；等到顾客发薪的日子，再上门收取米款。

他给顾客送米时，并非送到就算。他先帮人家将米倒进米缸里。如果米缸里还有米，他就将旧米倒出来，将米缸刷干净，然后将新米倒进去，将旧米放在上层。这样，米就不至于因陈放过久而变质。他这个小小的举动令不少顾客深受感动，铁了心专买他的米。

就这样，他的生意越来越好。通过卖米十年的积累，王永庆不仅赚得第一桶金，更验证了"以服务创造价值"的商业逻辑。这段经历为他后来转型木材、塑胶行业，并最终成为"塑胶大王"奠定了基础。

【思考一下】王永庆成功的诀窍何在？

任务一　电子商务客户服务概述

一、电子商务客户服务的含义

电子商务客户服务简称电商客服，是指通过在线聊天工具、电话或邮件等方式，及时回答顾客的咨询和问题，提供产品信息、订单查询、物流跟踪等服务，并在顾客下单前提供产品推荐、价格咨询等售前支持；在顾客购买后，提供退换货处理、投诉解决等售后支持。

电商客服的主要职责包括解决客人的疑问（关于商品、快递、售后、价格、网站活动、支付方式等）、处理交易中的纠纷、售后服务以及订单出现异常或者无货等情况时与客户进行沟通协调。

二、电子商务客户服务的作用

（1）塑造店铺形象：客服是店铺形象的第一窗口。

（2）提高成交率：客服在线能够随时回复客户的疑问，可以让客户及时了解需要的内容从而促成交易。

（3）提高商品回购率：优质的客户服务会给客户留下深刻的印象，当客户有类似需求时会倾向于选择他所熟悉和了解的卖家，很大程度上促进了商品回购率的提升。

（4）更好地服务客户：可以给客户提供更多的购物建议，更完善地解答客户的疑问，更快速地对买家售后问题给予反馈，从而更好地服务客户。

（5）提升销售转化率和客单价：电子商务客服工作对提升销售转化率和客单价有重要意义。电子商务客服工作涉及的询问量和销售单数与销售转化率和客单价存在以下关系：

销售转换率=销售数量/客户询问量

客单价=所有成交额/销售单数

三、电子商务客服的类型

（1）售前客服：主要负责导购，对买家咨询进行回复，给顾客进行产品介绍、解答顾客的疑问、解析商品、为顾客的需要做商品定位、引导顾客购买店里的产品等。

（2）售中客服：主要是处理店铺的商品寄出后的问题，比如：物流信息查不到、买家很久收不到货、到货不满意与退换货处理、商品中差评修改等。

（3）售后客服：企业对客户在购买商品后提供形式多样的服务总称，其目的就是提高客户满意度和忠诚度。凡是与商品销售有关系，并满足购买者特征的服务，包括商品配送、退换、维修、接受投诉等具体事项，并告知客户保养和使用技术等方面的服务，都属于售后服务。

四、电子商务客户服务的意义

首先，提升客户体验是电子商务客户服务的核心目标之一。在线上购物过程中，客户无法直接接触产品，因此对产品的疑问、支付问题、物流信息等需求更为迫切。优质的客户服务能够通过即时响应、耐心解答和个性化推荐，帮助客户顺利完成购物流程。这种高效、友好的互动不仅提升了客户的满意度，还增强了客户对品牌的信任感，从而为企业的长期发展奠定基础。

其次，客户服务在增加销售机会方面发挥着重要作用。许多客户在购物过程中可能会因为对产品功能、使用方法或售后服务存在疑虑而犹豫不决。此时，客服人员可以通过专业的解答和针对性的推荐，帮助客户消除顾虑，促成交易。此外，客服还可以通过交叉销售和追加销售，向客户推荐相关产品或更高价值的商品，进一步提升销售额。

最后，建立客户忠诚度是电子商务客户服务的另一重要意义。优质的售后服务能够有效解决客户在购买后遇到的问题，例如退换货、维修等，从而减少客户的不满和流失。通过持续提供高效、贴心的服务，企业能够与客户建立长期稳定的关系，提高客户的复购率和品牌忠诚度。

此外，客户服务还是企业收集市场反馈的重要渠道。通过与客户的直接沟通，企业可以了解客户的需求、偏好以及对产品的意见和建议。这些信息为企业优化产品设计、改进服务流程以及制定市场策略提供了宝贵的依据，从而帮助企业更好地适应市场变化，提升竞争力。

从运营角度来看，客户服务还能够帮助企业降低运营成本。通过引入智能客服系统、聊天机器人等自动化工具，企业可以大幅减少人工客服的工作量，提高服务效率。同时，标准化的客服流程和知识库也能够减少人为错误，进一步提升运营效率。

售前客服案例分析习题

成功案例描述：

顾客小张：你好，请问在吗？

客服小王：亲，在的呢！让您久等了，请问有什么能为您服务的吗？

顾客小张：你能给我介绍一下×××这款外套吗？

客服小王：好的呢，亲！这款外套主要使用的是高端面料，做工精细。外套最大的特色是新款潮流设计路线、时尚大方。我们给您的承诺是，不变形、不缩水、不起球。您喜欢的话，可直接打9折哦！

请分析该客服服务质量。

_____

_____

_____

任务二　电子商务客服沟通技巧

一、电子商务客服沟通的基本要求

客服沟通是电子商务客户服务的重要组成部分。沟通是人与人之间实现有效交流的过程。作为客服人员，沟通是应具备的一项重要技能。

客户服务人员在与客户进行沟通时，应做到的基本要求如下：

（1）时刻尊重客户。尊重是指在交流的过程中，要做到尊敬、重视对方，现在已逐渐引伸为平等相待的心态及其言行。

（2）明确客户需求。明确客户需求指广泛和深入地了解客户的实际需求，从而帮助企业做出正确的决策。不管是经济低迷还是高涨，企业的生存发展都离不开客户，以客户为中心，需求为导向，才能够不断引领企业走在正确的发展路线上，赢得更多消费者的青睐，提高客户的满意度。

（3）牢记客户信息。客户信息是指在沟通过程中，要准确地捕捉客户喜好、客户细分、客户联系方式等客户有关的基本信息并确保信息准确性。

（4）保持有效沟通。有效沟通是指沟通过程中确保交流双方信息的有效传递，客服人员能够从不断的交流沟通过程中准确分析出客户需求。客服不能因客户的态度恶劣或者提出的需求不符合实际等类似情况，而产生较强的抵触情绪。

（5）及时换位思考。换位思考是指在沟通的过程中，多站在别人的角度去思考，互相宽容、理解，这是人与人之间交往的基础。

服务过程中，要想快速提高消费者的满意度，客服人员只有站在客户的角度、立场上与客户真诚地沟通，才能真正了解客户的心理需要。从而抓住有效的沟通机会，为客户提供及时、准确的信息。

（6）巧用沟通技巧。面对不同的人应选择不同的沟通技巧。有经验的客服人员在进行沟通时，会时刻关注客户语气、表情等方面的变化，从而临时改变自己的沟通话题方向，去寻求最有效的沟通方式。

面对当前市场竞争日益激烈，只有赢得了客户才能赢得市场；只有与客户进行有效的沟通，才能使客户满意，成为一名优秀的客户服务人员。

二、客户谈话的倾听与提问

（一）倾听客户谈话

倾听是人际交往关系的基础，是获取更多信息、正确认识他人的有效途径。客服人员首先要学会倾听。若没有认真倾听客户的语言，就不可能实现有效的沟通和提供优质的服务。

1. 倾听有助于培养共情能力

我们只有知道对方在想什么，知道对方的情绪状态如何，才能在交谈中更好地行动、言语。而倾听，则有助于我们培养共情能力。倾听，能够让我们专注于对方。这样的精神状态，就会让我们抓住对方表现出来的许多细节，比如说一个不经意的动作、一个一闪而过的微表情等。对这些信息的捕捉，能让我们更了解对方的真实心理状况。

2. 倾听能使我们变得"健谈"

著名的人际关系学大师戴尔·卡耐基在其著作《人性的弱点》当中表示，"专注地倾听，鼓励他人谈论自己"是使我们变得健谈的极佳方式。因为倾听能让对方感觉到自己被重视，从而不自禁地向你表达自己。或许在你的角度看，你什么都没有做，只是默默地听着。但是在对方的眼里，你却是一个罕见的健谈伙伴。

3. 倾听能促进友好关系的建立

当我们在倾听的时候，我们能得到关于对方的许多信息，例如对方喜欢什么，对方对什么感兴趣等。而这些信息，对人际关系的维护十分重要。当我们想要引起对方的注意，并让对方关注我们时，谈论对方感兴趣的事情是最好的方法之一。

4. 倾听可以调动人的积极性

善于倾听的人能及时发现他人的长处，并创造条件让其积极性得以发挥作用。倾听本身也是一种鼓励方式，能提高对方的自信心和自尊心，加深彼此的感情，因而也就激发了对方的工作热情与负责精神。

5. 倾听能够获得对方内心真正的想法

在沟通的过程中，懂得倾听的人能够在听的过程中摸清大意，心领神会。注意倾听别人讲话，可以从他们说话的语调、表情、肢体语言中，了解对方的需求、态度和期望。这就要求我们听清并正确理解对方说的话，还要通过询问了解到对方内心的真正需要，更要从肢体语言去破译对方言谈背后的真实意图。

（二）掌握提问技巧

提问就是提出问题要求回答、解答。商务洽谈中的提问环节，是有效获得信息的一种手段。洽谈的过程常常是采用问与答的方式，一问一答构成洽谈的基本部分。有效的、高效的提问与答话流程，可以更有效地推动双方的洽谈进展，促使推销成功。提问是客服人员必须掌握的一项基本技能，懂得如何提问才能更有效地了解客户，比其他基本能力更重要。因为通过提问，可以让客户充分地表达自己心里所想，说出自己心里的意见和愿望，从而使客服人员完全掌握客户的心理活动。

客户服务中，主要的提问方式有：
（1）针对性问题。
（2）选择性问题。
（3）了解性问题。
（4）澄清性问题。
（5）征询性问题。
（6）服务性问题。
（7）开放式问题。
（8）封闭式问题。

三、掌握有效的沟通语言

语言是以语词符号为载体实现沟通的工具，有效的沟通语言对客服人员来讲，具有十分重要的意义，可以说只有懂得如何运用巧妙的语言声调、音量及表达方式来表达自己内心真实的想法和意愿，才能与客户之间做到最有效的沟通。

（一）客服人员的语言表达艺术

一个具备客户服务管理知识的客服人员的话语应具备以下五个方面的特点：
（1）语言要有较强的逻辑性和清楚的层次性，这样才能将自己的意愿表达明白。
（2）真实与准确性。
（3）话语要文明。
（4）话语因人而异。要注意语速与语气。比如：面对老年人，我们在交流的过程中，一定要注意自己的语速要慢，对于重要的事项要进行重复，有必要时，询问对方是否需要记录一下。

（二）控制说话的语气

（1）控制说话的语气语调。客服服务中，语气语调的调整至关重要。客服人员要保持友善、耐心，用温和的语气传递出优质的电商服务。客服人员要根据客户情绪灵活调整。如果客户情绪激动，语气应更加温和、安抚；如果客户平静，语气可以更专业、直接。如果客户遇到问题，可对客户的问题表示理解，例如"我理解您的感受，我们会尽快处理"。

（2）保持友善与耐心，即使是通过电话或文字沟通，也要让客户感受到你的微笑和友善；无论客户情绪如何，始终保持耐心，避免打断客户。

（3）使用积极的语言，用积极的语言替代消极的表达。例如，将"我们不能马上解决"改为"我们会尽快为您解决"。避免否定词：减少使用"不""不能"等否定词，转而提供解决方案。

（4）清晰简洁的表达，使用客户易懂的语言，避免专业术语或复杂表达。客服答复内容应该是高效、简洁明了地正面回应，避免冗长的解释以及机械的重复客套话。

（5）保持专业与礼貌，可用礼貌用语：如"请""谢谢""抱歉"等礼貌用语，展现尊重。保持专业态度，即使客户态度不佳，也要保持专业，避免情绪化反应。

（6）灵活调整语速和音量，保持语速适中，根据客户反应调整语速，确保客户能清楚理解；保持音量适中，避免过大或过小。

（7）使用个性化表达，称呼客户名字，如适当使用客户名字，增加亲切感；个性化回应，根据客户需求提供定制化建议，展现关注。

（8）适时幽默，在适当场合使用幽默缓解紧张气氛，但需谨慎，避免冒犯。

四、语音沟通的技巧

（一）语音交流的技巧

1. 语气的重要性

客服人员要意识到语气在电子商务服务过程中的重要性，语气多数情况下能决定客户是否有继续进行沟通的意愿。在与客户进行语音沟通时，客服人员要注意保持语气温和，同时也要注意表达出一定的正面情绪，表现出如开心、热情、积极、喜悦等的氛围感。

2. 称呼的重要性

称呼是客服人员与客户之间进行有效进行沟通的开始，能够体现出对客户的尊重。特定的称谓能激发起客户对客服人员服务的能力认同、品牌信任感，也能彰显出客服人员职业能力水平。

3. 坐姿的重要性

语音交流虽然双方不能看见彼此的姿势情况，但是一个好的坐姿直接影响到客服人员多方面表现，比如灵活控制发音、语调，利用胸腔扩展嗓音的柔和感等。

（二）语音交流的步骤

1. 接听

客服人员要及时响应客户的语音申请，控制接听过程中的语速，控制对话的节奏，不能表现出急、赶、敷衍的态度。

2. 复述来电信息

在交流过程中，客服人员要注意及时核对交流过程中出现的重要信息，如准确的商品SKU、数量、金额、地址信息、客户信息、备注内容等，确保信息的准确无误并表现出对本次交流重要性的认可。

3. 道谢话语

在交流结束的时候，客服人员要正确使用道谢相关的话语，比如："谢谢您的来电！""感谢您对公司的关心！"等结束话语。

4. 挂掉电话

在临近交流结束时，要等待客户先挂掉电话，或与客户确认后才能挂掉电话，这样能避免重要消息的遗漏。同时，也能表达出对客户的尊重。

以下为接听电话礼仪的事例：A公司王女士打电话给B公司的李先生洽谈事务。

前台：B公司，您好！请问您找谁？

A公司：请问B公司的李先生在吗？

前台：请问您是哪位？

A公司：我是A公司王女士，我已与李先生约好。

前台：麻烦您稍等，我帮您转接，看他在不在。

A公司：谢谢您！

前台：王小姐，很抱歉！李先生出去还没回来呢！请问您有什么事需要我转告他。

A公司：麻烦您帮我转告李先生，××游戏代码的脚本我已经传到他的邮箱中，请他回来看看有没有需要修改的地方。

前台：好的，我会转告李先生，您已经把脚本通过邮箱传过来了。

A公司：谢谢您！

前台：不用客气！

A公司：再见！

[自检]

请同学们回答下列问题：

1. 假设您正在接听王女士的电话时，另一部电话突然响起。您将怎样应对这种局面？

思考：_____

_____

2. 如果王女士的来电是您接听的，所找之人为您的领导，而您的领导恰巧不在。请您简要设计一下电话记录：

_____
_____
_____
_____
_____
_____
_____

任务三　电子商务客户服务技巧

电子商务销售各环节提供高质量的服务，对促进店铺销量增长、提升品牌知名度、提高店铺整体评分等多方面都有显著性的促进作用。网络顾客对于客服的要求相对于线下门店的服务质量、专业素养的评价更为严苛，客服的质量很大程度上决定了订单能否成交。即使在客户已下单或者完成购买环节后，如果后续的客户服务过程中存在瑕疵，客户可通过后续评价、发表网络负面评价、拨打投诉热线等方式使得店铺的整体形象遭到损害。

一、及时响应

在电子商务客户服务中，及时响应是指客服人员对客户的咨询、投诉、反馈等需求做出快速反应，对提升客户满意度、增强客户信任、提高客户忠诚度都有显著帮助。

设置自动回复：对于常见问题，可以设置自动回复，让客户在第一时间得到一些基本的信息。店铺客服通过设置特定的关键词或者自动回复的语句内容，当客户发出询问消息则系统根据消息关键词、设定的规制，自动回复告知客户需要咨询的内容详情。

尽快回复邮件和消息：确保在规定的时间内回复客户的邮件和在线消息。一般来说，24小时内回复是比较合理的，但如果可能的话，尽量缩短回复时间。电子邮件交流提供了一种广泛、异步的对话模式，在客户的隐私保护上更友好。通常电商平台会在销售过程中利用电子邮件发送部分大体积的电子文件例如订单详情、商品信息、商品使用技巧等资料以帮助消费者体验到更好的销售服务。

提供实时客服：如果条件允许，可以提供实时客服，如在线聊天或电话客服，让客户能够立即与客服人员沟通。在当前的电商销售中，大部分的商家都提供了 24×7 的在线客服服务，例如在天猫、京东、当当等购物平台上客户只需点击任意商品链接旁的客服按钮即可进行在线咨询、订单查询、售后服务等。

二、专业知识

电子商务客户服务岗位一般分为售前、售中、售后三类岗位，三类岗位各有各的职责。每类岗位都需要根据岗位服务的对象进行专业化的训练，才能给予客户正确、准确的答复。客服人员在与客户问答过程中展示的专业性也是电商平台专业性、服务性的体现，这也直接或间接地促进了客户进行后续的购买行为。以下是电商客服人员应具备的一些基本知识。

熟悉产品：了解所售产品的特点、功能、使用方法等信息，能够为客户提供详细的产品介绍和建议。在商品销售过程中，客户除对产品的细节进行询问以外，还会对产品的功能影响、使用技巧提出询问，客服人员一定要深入理解产品特性。例如，销售衣服的过程中，顾客除了咨询面料的材质、衣物的尺寸大小等常规参数信息，还可能询问衣服是否脱色、是否容易附着毛絮、是否容易变形等商品真实使用过程中可能会出现的各种情况。

掌握流程：熟悉电子商务的购物流程、支付方式、物流配送等环节，能够帮助客户解决在购物过程中遇到的问题。电商购物过程相较于线下购物而言更为复杂、烦琐，客服人员需要对购买涉及的各个操作流程十分熟悉，能够在顾客提出咨询后进行正确的引导。

学习政策：了解公司的退换货政策、售后服务等规定，能够为客户提供准确的政策解读。在电商客户服务过程中，客服人员一定要对店铺活动、平台政策进行深入理解，并谨慎地回答客户提出的问题。客服人员回答的每项内容都会被系统详细记录，并作为购物纠纷时判断的重要依据，因此客服人员一定要谨慎回复、操作订单。每当有重大节假日各大电商平台都会推出各种各样的购物活动，每项活动都有详细的要求与条件，客服人员一定要高度重视、谨慎回复，正确地服务好客户。

三、个性化服务

每个客户都有不同的需求和期望，提供个性化的服务可以让客户感受到特别的关注。

记住客户信息：在与客户交流的过程中，记住客户的姓名、购买历史等信息，以便在下次交流时能够更加亲切地称呼客户，并提供更加个性化的服务。在电商活动的服务过程中，客服人员如果能准确叫出客户信息，客户的抵触心理会降低很多，使商务活动完成得更加顺利。

满足特定需求：如果客户有特定的需求，如定制产品、加急配送等，尽量满足客户的需求。如果无法满足，也要向客户说明原因，并提供其他解决方案。每当重要的节假日客户们的消费需求、欲望会比平常时间更高涨一些，因此电商平台往往会推出各种各样的销售活动，此时客服人员最重要的工作就是解决好客户的特定需求，满足客户的定制需要；若客服人员在此过程中未服务好，可能会造成较大经济损失，甚至产生较大的负面舆论。

发送个性化邮件：根据客户的购买历史和兴趣爱好，发送个性化的邮件，如推荐产品、提供优惠信息等。在当前电子商务销售中，许多电商平台、电商网站都会通过多种多样的方式向客户推送各种各样的信息，这类平凡的消息对客户而言很多时候都是忽略不计、自动屏蔽。如果一个电子商务平台想要吸引到客户的注意力，需要发送个性化、针对性的推送信息，例如：电子邮件、短信、即时消息。

四、问题解决

电商客服在销售的各个环节中都起着决定性的作用，客服不仅仅是回答客户的商品咨询，更多的是处理销售过程中出现的各种实际问题，以更高质量的服务满足客户的需求。当客户遇到问题时，客服人员需要迅速采取行动，解决问题。

承认问题：当客户提出问题时，首先要承认问题的存在，并向客户表示歉意。客服人员作为平台、公司的对接方，不要试图推卸责任或找借口，一定要冷静分析问题、安抚好客户的情绪。

调查问题：为了快速处理问题，提高客户的满意度，客服人员要尽快调查问题的原因，确定问题的解决方案，尽最大可能做好相关协调工作以缓和客户负面情绪。如果需要其他部门的协助，客服人员需要及时协调公司内部相关部门解决问题。

跟进问题：在解决问题的过程中，要及时跟进问题的进展情况，向客户反馈解决方案的实施情况。客服人员及时跟进解决问题是电子商务公司服务质量的重要体现。问题解决后，客服人员要再次向客户表示歉意，并询问客户是否满意。

五、客户反馈

客户反馈是改进客户服务的重要依据，客服需要积极收集客户反馈并加以改进。客服在电商领域中是与客户处于零距离接触的一环，对于电商平台、电子商务公司而言，客服的作用、影响力都非常大，电商销售的整体服务质量提升很大程度需要通过提升客服服务质量来实现。为了提升服务质量，电商平台、电子商务公司需要尽可能收集客户的反馈以改善服务。

主动询问反馈：在与客户交流的过程中，主动询问客户对服务的满意度和意见建议。可以通过邮件、在线调查等方式收集客户反馈。

认真对待反馈：对于客户的反馈，要认真对待，及时回复客户的意见和建议。如果客户提出的问题能够得到解决，要及时采取行动，改进服务。

持续改进服务：根据客户反馈，不断改进客户服务，提高服务质量。可以通过培训客服人员、优化服务流程等方式提高客户服务水平。

电商客服沟通技巧训练：

俗话说得好，沟通不到位，一切都白费。由此可见，客服沟通技巧非常重要，请各位同学通过所学知识，归纳以下技巧方式。

1. 假设你是一名电商客服，遇见客户反映收到货品质量与商品图片不一致，表现出非常气愤的情绪，并表示会向平台举报。请问你会如何处理？

_____
_____
_____
_____

2. 假设你是一名电商客服，在销售过程中有客户提出了多项不合理要求，如商品降价、加送赠品等，你会如何与客户沟通实现下单并获得顾客好评？

_____
_____
_____
_____

3. 客服人员在与顾客进行沟通时如何控制自己个人情绪？

_____

_____

_____

_____

基础练习

一、单项选择题

1. 电商客服的首要职责是（　　）。
   A. 销售产品　　　　　　　　　B. 解答客户疑问
   C. 处理退换货　　　　　　　　D. 推广促销活动
2. 当客户情绪激动地投诉时，客服人员首先应该（　　）。
   A. 解释原因　　　　　　　　　B. 道歉并安抚客户情绪
   C. 转移话题　　　　　　　　　D. 挂断电话
3. 电商客服人员在与客户沟通中，应该使用（　　）的语言。
   A. 专业术语　　B. 网络流行语　　C. 通俗易懂　　D. 方言
4. 客户反映收到的商品有质量问题，客服人员应该（　　）。
   A. 让客户自行联系厂家　　　　B. 立即为客户办理退换货
   C. 质疑客户的说法　　　　　　D. 推脱责任
5. 如果客户要求加急发货，客服人员应该（　　）。
   A. 答应客户一定能加急　　　　B. 拒绝客户的要求
   C. 联系仓库协调安排　　　　　D. 让客户自己去催物流

二、多项选择题

1. 电商客服人员应具备的技能包括（　　）。
   A. 良好的沟通能力　　　　　　B. 熟练的电脑操作技能
   C. 丰富的产品知识　　　　　　D. 强大的销售能力
   E. 快速的问题解决能力
2. 当客户提出退换货要求时，电商客服人员需要了解的信息有（　　）。
   A. 退换货原因　　　　　　　　B. 商品使用情况
   C. 购买时间　　　　　　　　　D. 包装是否完整
   E. 客户的联系方式
3. 以下哪些情况可能导致客户投诉电商客服人员？（　　）
   A. 回复不及时　　　　　　　　B. 态度不好
   C. 业务不熟练　　　　　　　　D. 解决问题不彻底

E. 语言表达不清晰

4. 为提高客户满意度，电商客服人员可以采取的措施有（　　）。

A. 及时响应客户咨询　　　　　　B. 主动回访客户

C. 提供个性化服务　　　　　　　D. 赠送小礼品

E. 不断学习提升自己

5. 电商客服人员在处理客户问题时，应该遵循的原则有（　　）。

A. 以客户为中心　　　　　　　　B. 公平公正

C. 高效快捷　　　　　　　　　　D. 保密客户信息

E. 先入为主

三、名词解释

1. 及时响应

2. 客户反馈

3. 专业知识

四、简答题

1. 简述电商客服的主要职责有哪些？

2. 电商客服在客户服务体系中处于什么样的地位？

3. 阐述"以客户为中心"的服务理念在电商客服工作中的具体体现。

五、沟通技巧题

1. 当客户情绪激动地投诉时,电商客服人员应如何应对?请举例说明。

2. 描述一次你成功运用沟通技巧解决客户问题的经历,并分析你所采用的方法。

3. 在与客户沟通中,如何有效地倾听客户的需求?请结合实际案例进行说明。

4. 电商客服人员如何运用语言表达技巧来提升客户的满意度?请给出具体的方法和示例。

项目七 支付与安全在电子商务中的应用

 学习目标

一、知识目标

（1）掌握电子商务支付的定义、特点、基本构成及其在电子商务中的作用。

（2）熟悉电子商务支付从初始阶段到成熟阶段，再到创新与规范并存阶段的主要发展历程。

（3）了解在线支付、移动支付、第三方支付等电子商务支付的主要类型及其特点和应用场景。

（4）理解支付体系在电子商务中如何提高交易效率与便捷性、保障交易安全、推动电子商务创新与发展等方面的关键作用。

（5）熟悉加密技术、认证技术、安全电子交易协议等核心安全支付技术的原理与应用。

二、能力目标

（1）能够分析支付体系在电子商务中的重要性，识别支付过程中存在的安全风险及其影响。

（2）根据具体场景和需求，能够评估并选择合适的电子商务支付方式。

（3）结合安全支付技术和法律法规，能够设计并实施有效的电子商务支付安全策略。

（4）针对电子商务支付过程中遇到的安全问题，能够提出并实施解决方案，确保支付过程的安全可靠。

（5）理解《中华人民共和国电子商务法》等相关法律法规，确保电子商务支付行为符合法律规范，保障消费者权益和企业合规运营。

三、素养目标

（1）培养学生法律意识。

（2）培养学生安全支付能力。

 案例导入

李女士是国内某电商平台的用户,她在该平台购买了一件家用电器,并成功完成了支付。然而,付款后不久,她接到一个自称是"商家"的电话,称该型号电器已售罄,需要为她办理退款手续。李女士在提供个人信息和支付账号后,按照"商家"的指示点击了退款链接,并输入了自己的姓名、身份证号和支付账号等信息。随后,李女士发现自己并未收到退款,反而收到了数条消费通知,她才意识到自己被骗了。

【案例思考】

作为用户,李女士在支付过程中存在哪些安全疏忽?如何提高用户对钓鱼网站、诈骗电话等安全威胁的识别能力?用户应采取哪些防范措施来保护自己的支付安全?

任务一 电子商务支付体系概述

一、电子商务支付的基本概念

在电子商务的快速发展中,支付作为交易的核心环节,其效率和安全性直接影响着电子商务的普及与深入。下文将深入探讨电子商务支付的基本概念,为读者打下坚实的理论基础,以便更好地理解后续关于支付技术、安全、法律法规及实践应用的内容。

(一)电子商务支付的定义

电子商务支付,简而言之,是指在电子商务活动中,买家与卖家之间通过网络平台,利用电子方式完成商品或服务购买所需资金的转移过程。这一过程涉及资金的电子化表示、传输、验证及最终结算,是现代信息技术与金融服务深度融合的产物。

(二)电子商务支付的特点

(1)数字化:支付信息以数字形式存在,通过网络进行传输,实现了无纸化操作。

(2)即时性:相较于传统支付方式,电子商务支付能更快速地完成资金转移,提高交易效率。

(3)远程性:买卖双方无须面对面,即可通过互联网完成支付,极大拓宽了交易范围。

(4)安全性:采用加密、认证等技术手段保障支付过程的安全,减少欺诈风险。

(5)集成性:电子商务支付往往与订单管理、物流跟踪等系统紧密集成,形成完整的交易闭环。

(三)电子商务支付的基本构成

(1)支付主体:包括买方(消费者)和卖方(商家),是支付行为的发起者和接收者。

(2)支付工具:如电子银行卡、电子钱包、预付卡、数字货币等,是资金的载体。

（3）支付平台：包括银行直连支付、第三方支付平台等，负责支付信息的处理与资金的清算。

（4）支付协议与标准：如 SET(secure Electronic Transaction，安全电子交易协议)、SSL/ TLS(Secure Sockets Layer/Transport Layer Security，安全套接层及传输层安全协议)等，确保支付过程的规范与安全。

（5）监管与法律环境：政府及金融监管机构制定的相关法律法规，保障支付市场的健康运行。

（四）电子商务支付的作用

（1）促进交易便捷性：简化了传统支付流程，使购物更加方便快捷。

（2）扩大市场范围：打破了地域限制，使全球范围内的交易成为可能。

（3）提升交易效率：即时支付与结算，加快了资金流转速度。

（4）增强交易安全性：通过技术手段保障支付安全，减少欺诈和纠纷。

（5）推动金融创新：促进了支付技术的不断创新与金融服务的多样化发展。

（五）电子支付的发展历程

电子商务支付作为电子商务活动的重要组成部分，其发展经历了多个阶段，伴随着互联网技术的不断进步和电子商务市场的深入发展而不断演变。

（1）初始阶段（20世纪90年代初）。

背景：随着互联网技术的初步应用，电子商务开始萌芽。

特点：此时的电子商务支付主要依赖于传统的银行转账和信用卡支付方式，支付过程相对烦琐，且安全性较低。

发展：随着电子商务平台的逐渐增多，消费者对在线支付的需求也日益增长，推动了支付技术的初步创新。

（2）发展阶段（20世纪90年代末至21世纪初）。

背景：互联网技术的快速发展和电子商务市场的不断扩大。

特点：第三方支付平台开始崭露头角，如 PayPal（1998年成立）等，它们为电子商务交易提供了更为便捷、安全的支付解决方案。同时，电子银行、电子钱包等支付工具也逐渐普及。

发展：这些支付平台的出现，极大地推动了电子商务支付的发展，提高了支付效率和安全性，为电子商务的快速发展提供了有力支持。

（3）成熟阶段（21世纪初至今）。

背景：移动互联网技术的迅猛发展和智能手机的普及。

特点：移动支付兴起，移动支付成为电子商务支付的重要组成部分，如支付宝、微信支付等，它们通过手机APP等移动终端，为消费者提供了更为便捷、快速的支付体验。

多元化支付工具：除了传统的银行转账、信用卡支付和第三方支付平台，还涌现出了预付卡、数字货币等多种支付工具，满足了消费者多样化的支付需求。

智能化支付体验：随着人工智能、大数据等技术的不断发展，电子商务支付也变得更加智能化。例如，通过智能推荐算法，为消费者推荐最适合的支付方式；通过数据分析，为消费者提供定制化的支付优惠和金融服务等。

跨境支付与国际化：随着全球化的加速和电子商务的普及，跨境支付需求日益增长。电子商务支付体系开始更加注重国际化发展，提供更加便捷、低成本的跨境支付解决方案。

发展：这一阶段的电子商务支付已经发展成为一个包含多种支付工具、支付方式和支付场景的复杂系统，为电子商务的繁荣发展提供了坚实的支撑。同时，随着技术的不断创新和市场的深入发展，电子商务支付还将继续演变和升级，为消费者和商家提供更加优质、高效的支付服务。

（4）创新与规范并存阶段。

背景：随着电子商务的深入发展和消费者支付习惯的不断变化，电子商务支付领域迎来了更多的创新与挑战。

特点：技术创新，区块链、人工智能、大数据等新兴技术在电子商务支付领域的应用日益广泛。区块链技术提高了支付的安全性和透明度，人工智能技术优化了支付流程和风险管理，大数据技术则为用户提供了更个性化的支付服务。这些技术创新不仅提升了支付的效率和安全性，还为消费者带来了更加便捷、智能的支付体验。

支付场景拓展：电子商务支付已经渗透到人们生活的方方面面，从线上购物到线下消费，从实物商品到虚拟服务，支付场景不断拓展。同时，跨境支付也成为电子商务支付的重要领域，为国际贸易和全球化发展提供了有力支持。

监管与规范：随着电子商务支付市场的不断扩大，监管和规范问题日益凸显。政府及金融监管机构开始加强对电子商务支付的监管力度，制定相关法律法规和行业标准，保障支付市场的健康、稳定发展。这些监管措施不仅规范了支付市场的行为，还提高了支付的安全性和可靠性。

发展：在这一阶段，电子商务支付将继续保持创新活力，不断推出新的支付方式和工具，满足消费者多样化的支付需求。同时，随着监管力度的加强和行业规范的完善，电子商务支付市场将更加健康、有序地发展。

（六）电子支付未来展望

技术趋势：未来，电子商务支付将继续受益于技术创新，如量子计算、5G通信等新技术将为支付领域带来更多的可能性。这些技术将进一步提升支付的效率和安全性，为消费者带来更加便捷、智能的支付体验。

市场融合：随着电子商务的不断发展，线上线下市场将进一步融合。电子商务支付将成为连接线上线下市场的重要桥梁，推动商业模式的创新和升级。

国际化发展：随着全球化的深入发展，跨境电子商务将迎来更多的机遇和挑战。电子商务支付将更加注重国际化发展，加强与国际支付机构的合作与交流，推动全球支付市场的融合与创新。

法规完善：随着电子商务支付市场的不断发展，相关法律法规和行业标准也将不断完善。政府及金融监管机构将继续加强对电子商务支付的监管力度，保障支付市场的健康、稳定发展。同时，消费者也应提高自我保护意识，合理使用电子商务支付工具，确保自身权益不受侵害。

二、电子商务支付的主要类型

电子商务支付作为电子商务交易的关键环节，其多样性和便利性对于推动电子商务的发展至关重要。下文将详细介绍电子商务支付的主要类型，包括在线支付、移动支付、第三方支付以及其他支付方式，以便读者全面了解电子商务支付的多样性和特点。

（一）在线支付

（1）定义。

在线支付是指通过互联网进行的资金转移或支付行为，是电子商务中最常见的支付方式之一。

（2）特点。

实时性：在线支付能够实现资金的即时转移，加快交易速度。

便捷性：用户只需通过互联网即可完成支付，无须亲临银行或支付机构。

安全性：采用先进的加密技术和认证机制，如 SSL/TLS 协议、数字证书和签名技术，确保支付过程的安全可靠。

（3）应用场景。

在线支付广泛应用于电子商务网站的商品购买、服务预订、会员充值等场景。

（4）安全问题。

在线支付面临的主要安全问题包括网络攻击、数据泄露、身份盗用等。

为保障支付安全，用户应定期更新密码，使用安全软件，避免在公共网络环境下进行支付操作。

（二）移动支付

（1）定义。

移动支付是指通过移动设备（如手机、平板电脑等）进行的支付行为，是电子商务支付领域的重要发展方向。

（2）特点。

便携性：用户可随时随地通过移动设备完成支付，不受时间和地点限制。

多样性：移动支付支持多种支付方式，如二维码支付、NFC 支付等。

实时性：移动支付同样具备实时转账的功能，提高交易效率。

（3）应用场景。

移动支付广泛应用于线上线下购物、交通出行、公共服务缴费等场景。

（4）安全问题。

移动支付面临的安全问题包括设备丢失或被盗、恶意软件攻击、支付密码泄露等。

为保障支付安全，用户应设置复杂且不易被猜测的支付密码，定期更新手机系统和支付应用，避免使用不安全的公共 Wi-Fi 进行支付操作。

（三）第三方支付

（1）定义。

第三方支付是指由非银行机构提供的支付服务，作为交易双方之间的中介，完成资金的转移和结算。这些支付平台通常与多家银行合作，为用户提供便捷的支付渠道。

（2）特点。

中立性：第三方支付机构作为独立的第三方，不涉及交易双方的直接利益，确保交易的公正性。

便捷性：第三方支付提供多种支付方式，满足不同用户的需求，且支付过程简单快捷。用户无须直接与银行进行交互，降低了支付门槛。

安全性：第三方支付机构采用先进的安全技术和风险管理措施，如数据加密、身份认证、风险控制等，保障交易的安全可靠。同时，第三方支付机构还受到金融监管机构的严格监管，确保合规运营。

（3）应用场景。

第三方支付广泛应用于电子商务、网络购物、跨境支付、线上线下消费等场景。随着电子商务的不断发展，第三方支付的应用场景也在不断拓展。

（4）安全问题。

第三方支付面临的安全问题包括账户被盗用、资金被挪用、交易欺诈等。

为保障支付安全，用户应妥善保管账户信息和支付密码，定期查看账户交易记录，及时发现并处理异常交易。同时，选择信誉良好、安全可靠的第三方支付机构进行支付操作也是降低风险的重要措施。

（5）主要支付工具。

支付宝：作为中国最大的第三方支付平台之一，支付宝提供了便捷的支付、转账、理财等服务。其强大的安全技术和风险控制能力得到了广大用户的信赖。

微信支付：微信支付是腾讯公司推出的第三方支付平台，依托微信社交平台的庞大用户基础，提供了便捷的支付、转账、红包等功能。其安全性能和用户体验也备受用户好评。

（四）其他支付方式

（1）信用卡支付。

信用卡支付是电子商务中常见的支付方式之一。用户通过在购物网站上输入信用卡信息（如卡号、有效期、安全码等）完成支付。

优点：方便快捷，可实现快速验证和交易，广泛应用于各类电子商务场景。

缺点：存在一定的风险，如信用卡信息泄露、盗刷等。因此，用户需要妥善保管信用卡信息，避免在不安全的网络环境下进行支付。

（2）借记卡支付。

借记卡支付与信用卡支付类似，用户通过在购物网站上输入借记卡信息完成支付。

优点：方便快捷，无须开通其他服务，直接通过银行账户进行支付。

缺点：同样存在一定的风险，如借记卡信息泄露、账户被盗用等。因此，用户需要保护好个人借记卡信息，确保支付安全。

（3）电子钱包。

电子钱包是一种将用户银行卡信息存储在电子设备中的支付方式。用户通过在购物网站上选择电子钱包支付，并输入相应的支付密码或进行生物识别验证，即可完成交易。

优点：方便快捷，安全性较高。电子钱包通常采用了先进的加密技术和安全措施，保障用户资金的安全。

缺点：需要用户下载安装电子钱包软件，并绑定银行卡信息。同时，用户需要保护好电子钱包的登录密码和支付密码，避免泄露。

（4）货到付款。

货到付款是指用户在购物网站上选择货到付款方式，当商品送达时，允许用户通过现金、POS机刷卡或线上支付（如支付宝、微信）完成交易，如拼多多、抖音等已支持买家验货后使用快捷支付完成线上付款。

优点：对于用户而言，货到付款提供了一种更为安全的支付方式，因为用户可以在收到商品后再进行支付。

缺点：对于商家而言，货到付款存在一定的风险，如用户拒收商品、恶意退货等。因此，商家需要谨慎选择是否提供货到付款服务，并制定相应的风险控制措施。

（5）电汇。

电汇是一种通过银行转账的方式进行支付的方式。用户需在购物网站上输入银行账号等相关信息后，由银行完成转账。

优点：安全性较高，适用于大额交易等场景。因为电汇是通过银行系统进行转账，所以资金流转过程相对安全可靠。

缺点：操作相对烦琐，不够便捷。用户需要前往银行或登录网上银行进行转账操作，且转账过程可能需要一定的时间。

电子商务支付方式的多样化给用户带来了更多的选择和便利，但同时也存在一定的风险和需要注意的地方。用户应根据自己的需求和实际情况选择适合的支付方式，并注意保护个人隐私和信息安全。同时，电子商务平台也应加强安全保障措施，提高用户支付的安全性和可靠性。在选择支付方式时，建议用户优先考虑信誉良好、安全可靠的支付平台和机构，以确保资金的安全和交易的顺利进行。

三、支付体系在电子商务中的重要性

支付体系作为电子商务交易的核心环节，其稳定性和安全性直接关系到电子商务的健康发展。以下从多个方面详细阐述支付体系在电子商务中的重要性。

1. 提高交易效率与便捷性

支付体系通过电子化手段实现资金的即时转移，极大提高了交易效率。用户无须亲临银行或支付机构，只需通过互联网、移动设备或第三方支付平台即可完成支付，这为用户提供了极大的便捷。根据电子商务行业报告，这种即时性和便捷性使得电子商务能够迅速响应市场需求，促进交易的快速完成，从而推动电子商务的普及与发展。

2. 保障交易安全

支付体系的安全性是电子商务交易顺利进行的基础。支付体系采用了先进的加密技术和认证机制，如 SSL/TLS 协议、数字证书、签名技术以及多重身份认证等，确保交易数据的安全传输和存储，防止数据泄露、篡改和欺诈行为的发生。同时，支付体系还建立了完善的风险管理机制和支付监管体系，对交易进行实时监控和风险评估，及时发现并处理潜在的安全威胁。这些安全措施有助于增强用户对电子商务的信任度和满意度。

3. 推动电子商务的创新与发展

支付体系的不断创新和完善为电子商务的发展提供了强大的动力。随着支付技术的不断进步和支付方式的多样化，电子商务平台能够为用户提供更加个性化、智能化的支付服务，满足用户的不同需求和偏好。例如，移动支付、二维码支付、数字货币支付等新兴支付方式的兴起，为电子商务带来了更多的便利性和灵活性。

4. 提升用户体验与信任度

支付体系的稳定性和安全性直接关系到用户的购物体验和信任度。一个高效、安全的支付体系能够为用户提供流畅的支付流程，减少支付过程中的问题和纠纷。同时，支付体系还通过提供多种支付方式、优化支付界面、简化支付流程等方式，不断提升用户的支付体验和满意度。这种良好的用户体验和信任度有助于增强用户对电子商务的黏性和忠诚度，促进电子商务的持续健康发展。

5. 促进跨境电子商务的发展

支付体系在跨境电子商务中发挥着至关重要的作用。随着全球化的加速和跨境电子商务的蓬勃发展，支付体系需要与国际支付机构进行紧密合作，实现跨境资金的快速结算和清算。同时，支付体系还需要提供多币种支付、汇率转换、跨境支付风险控制等功能，以满足跨境电子商务的多样化需求。这些功能的实现有助于降低跨境交易的成本和风险，推动跨境电子商务的快速发展。

6. 为商家提供数据支持与营销手段

支付体系不仅为商家提供了便捷的收款方式，还为商家提供了丰富的数据支持和营销手段。通过支付体系，商家可以实时获取交易数据、用户行为数据等信息，用于分析用户消费习惯、优化产品和服务、制定精准的营销策略等。这种数据支持和营销手段有助于商家提高经营效率和盈利能力，推动电子商务的持续发展。

7. 加强监管与合规性

支付体系在电子商务中的重要作用还体现在加强监管和确保合规性方面。政府和相关监管机构可以通过支付体系对电子商务交易进行监管,确保交易的合法性和合规性。同时,支付体系也需要遵守相关的法律法规和监管要求,确保支付服务的合法性和安全性。这有助于维护电子商务市场的秩序和稳定,保护消费者的合法权益。

8. 促进金融创新与融合

支付体系作为电子商务与金融行业的交汇点,促进了金融创新与融合。随着支付技术的不断发展,支付体系与金融行业的关系日益紧密。一方面,支付体系为金融行业提供了新的服务渠道和商业模式,推动了金融产品的创新和服务升级;另一方面,金融行业也为支付体系提供了更多的资金支持和风险保障,增强了支付体系的稳定性和安全性。这种金融创新与融合有助于推动电子商务与金融行业的协同发展,为电子商务的持续发展提供强大的金融支持。

9. 增强电子商务的竞争力

支付体系的完善和优化是电子商务提升竞争力的关键因素之一。一个高效、安全、便捷的支付体系能够为用户提供更好的购物体验,增强用户对电子商务的信任和忠诚度。同时,支付体系还能够为商家提供更多的数据支持和营销手段,帮助商家更好地了解用户需求和市场动态,制定更加精准的营销策略,提高经营效率和盈利能力。这些优势有助于电子商务在激烈的市场竞争中脱颖而出,增强自身的竞争力。

10. 推动数字化经济发展

支付体系作为数字化经济的重要组成部分,推动了数字化经济的发展。随着数字化技术的不断进步和普及,越来越多的传统行业开始向数字化转型,而支付体系作为数字化交易的核心环节,为这些行业的数字化转型提供了有力的支持。通过支付体系,传统行业可以更加便捷地实现线上交易和支付,拓展新的销售渠道和市场空间,推动行业的数字化转型和升级。这种数字化经济的发展有助于推动整个社会的经济进步和转型升级。

11. 应对未来挑战与机遇

面对未来电子商务市场的不断变化和新兴技术的不断涌现,支付体系需要不断创新和完善,以应对未来的挑战和机遇。例如,随着人工智能、大数据、区块链等新兴技术的不断发展,支付体系可以融合这些技术,提供更加智能化、个性化的支付服务,满足用户的不同需求和偏好。同时,支付体系还需要关注国际市场的动态和变化,加强与国际支付机构的合作与交流,推动跨境电子商务的持续发展。

综上所述,支付体系在电子商务中扮演着至关重要的角色。它不仅提高了交易效率和便捷性、保障了交易的安全性、推动了电子商务的创新与发展、提升了用户体验与信任度、促进了跨境电子商务的发展、为商家提供了数据支持与营销手段、加强了监管与合规性,还促进了金融创新与融合、增强了电子商务的竞争力、推动了数字化经济的发展，并应对未来的挑战与机遇。因此，在电子商务的发展过程中，应持续重视支付体系的建设和完善，以推动电子商务的持续健康发展。

任务二　第三方支付平台详解

一、第三方支付平台的功能和特点

（一）第三方支付平台的功能

第三方支付平台在电子商务交易中扮演着至关重要的角色，其功能多样且全面，不仅满足了基本的支付需求，还提供了诸多增值服务和安全保障。以下是第三方支付平台的主要功能。

（1）资金流转与支付结算。

基本支付功能：第三方支付平台通过通信、计算机和信息安全技术，在商家和银行之间建立连接，实现消费者、金融机构以及商家之间的货币支付和资金清算。这是第三方支付平台最基础且核心的功能。

多渠道支付：支持银行卡、信用卡、电子钱包、余额支付、扫码支付等多种支付方式，满足不同用户的支付需求。

实时结算：交易完成后，资金可以实时或近乎实时地从消费者账户划转至商家账户，提高资金流转效率。

（2）信息查询与账单管理。

交易记录查询：用户可随时查看交易详情，包括支付时间、金额、状态等，确保交易的透明度。这一功能有助于用户核对账目，避免错误和纠纷。

账单管理服务：提供账单整理、分类、导出等功能，便于用户进行财务管理和审计。部分平台还提供电子发票服务，方便用户报销和存档。

（3）跨境支付与多币种结算。

跨境支付：支持国际贸易和跨境电商的支付需求，为用户提供便捷的跨境支付服务。通过与国际支付机构的合作，实现资金的快速跨境流转。

多币种结算：提供多币种结算服务，根据交易双方的约定，自动进行货币兑换和结算。这一功能降低了跨境交易的成本和风险，促进了国际贸易的发展。

（4）增值服务与金融创新。

理财服务：部分第三方支付平台提供理财服务，如货币基金、债券基金等，帮助用户实现资金的增值。

保险服务：与保险公司合作，提供各类保险产品，如意外险、健康险等，满足用户的保险需求。

信贷服务：为用户提供小额贷款、分期付款等信贷服务，解决用户资金短缺的问题。

（5）风险控制与安全保障。

风险控制机制：通过数据分析、风控算法等手段，对交易中的风险进行实时监控和预警，避免欺诈和非法交易的发生。

安全保障措施：采用先进的加密技术和安全措施，保护用户的支付信息和资金安全。同时，平台还建立了完善的安全体系和合规机制，确保所有交易的合法性和合规性。

（6）数据报表与商业智能。

交易数据报表：生成详尽的交易数据报表，包括交易金额、交易时间、商品信息等，有助于商家了解销售情况和市场动态。

商业智能分析：提供商业智能分析工具，帮助商家挖掘数据价值，优化经营策略，提高盈利能力。

（7）集成与定制化服务。

支付接口集成：提供便捷的支付接口集成服务，帮助商家轻松将支付功能嵌入网站或应用中。

定制化支付方案：根据商家的具体需求，提供定制化的支付解决方案，满足商家的个性化需求。

（二）第三方支付平台的特点

（1）便捷性。

一键支付：用户只需在第三方支付平台绑定银行卡或信用卡，即可实现一键支付，无须每次输入烦琐的银行账户信息。

多场景应用：第三方支付平台广泛应用于线上线下各种场景，如购物、餐饮、交通、医疗等，为用户提供全方位的支付便利。

（2）安全性。

高级加密技术：第三方支付平台通常采用 SSL/TLS 等高级加密技术，确保用户支付信息在传输过程中的安全性。

多重验证机制：如短信验证、指纹识别、面部识别等，确保用户账户的安全性。同时，平台会对交易进行实时监控和风险评估，及时发现并阻止可疑交易。

资金托管：第三方支付平台通常设有资金托管服务，用户的资金在交易完成前会被暂时托管在平台，确保交易的安全性和可靠性。一旦交易出现问题，平台会协助用户进行资金追回。

（3）多样性。

支付方式多样：除基本的银行卡支付外，还支持电子钱包、余额支付、扫码支付等多种支付方式，满足用户不同的支付需求。

增值服务丰富：如理财、保险、信贷等金融服务，以及电子发票、会员服务等非金融服务，为用户提供全方位的增值服务。

（4）低成本。

交易费率优惠：第三方支付平台通常与各大银行合作，能够为用户提供更优惠的交易费率。对于商家而言，这降低了交易成本，提高了盈利能力。

免费提现额度：部分第三方支付平台还提供免费提现额度，用户在一定额度内提现无须支付手续费，进一步降低了用户的使用成本。

（5）跨境支付能力。

支持多币种结算：第三方支付平台支持多种国际主流货币结算，方便用户进行跨境交易。

跨境支付便捷：用户只需在平台上选择相应的币种和支付方式，即可完成跨境支付。平台还提供汇率查询、跨境转账等功能，为用户提供全方位的跨境支付服务。

（6）公信力与中立性。

作为中立第三方：第三方支付平台在交易过程中扮演中立角色，确保交易的公正性和公平性。一旦发生交易纠纷，平台会协助双方进行协调处理，保障双方的合法权益。

提升交易信任度：由于第三方支付平台的公信力和中立性，用户在使用平台进行交易时更加放心，这有助于提升交易的信任度和成功率。

（7）技术创新与引领。

不断引入新技术：第三方支付平台积极引入人工智能、大数据、区块链等新技术，不断提升支付的安全性和效率。例如，通过人工智能技术实现智能风控和反欺诈；通过大数据技术实现精准营销和个性化服务；通过区块链技术实现交易的透明性和可追溯性。

推动行业创新：第三方支付平台的不断创新和引领，推动了整个支付行业的进步和发展。例如，移动支付、刷脸支付等新型支付方式的出现，都是第三方支付平台不断创新的成果。

二、主流第三方支付平台介绍

（一）支付宝

支付宝，作为蚂蚁科技集团股份有限公司（以下简称"蚂蚁集团"）旗下的核心业务板块，自2004年成立以来，凭借其在支付领域的深耕细作，已发展成为中国乃至全球领先的第三方支付开放平台。

1. 平台特色

广泛覆盖与便捷支付：支付宝支持银行卡、信用卡、电子钱包、余额支付、花呗分期等多种支付方式，满足用户在不同场景下的支付需求。用户只需通过支付宝App或网页版，即可完成一键支付，无须跳转至其他页面或输入烦琐的银行账户信息。

生活服务与金融理财：除基本的支付功能外，支付宝还提供缴纳水电煤气费、手机充值、信用卡还款、租房、出行、医疗等生活服务，以及余额宝、理财基金等金融产品，方便用户管理财务并实现资产增值。

信用评估与安全保障：支付宝的芝麻信用体系为用户提供信用评估服务，有助于建立良好的信用记录。同时，支付宝采用先进的加密技术和多重验证机制，如短信验证、指纹识别、面部识别等，确保用户支付信息的安全性和账户的安全性。平台还设有风险控制和合规体系，对所有交易进行实时监控和风险评估，及时发现并阻止可疑交易。

智能体与开放生态：支付宝近年来积极布局 AI 领域，推出了智能体开发平台"百宝箱"，允许商家和开发者快速创建和发布智能体，实现 AI 能力的"开箱即用"。这一举措不仅提升了支付宝的智能化水平，也为商家和开发者提供了更多的创新机会。

2. 用户规模与影响力

支付宝的用户规模庞大，已覆盖全球多个国家和地区，成为中国乃至全球领先的第三方支付平台之一。

支付宝的不断创新和发展，推动了整个支付行业的进步和变革，提升了用户支付体验和金融服务水平。同时，支付宝还积极参与公益事业和社会责任项目，为社会的可持续发展贡献力量。

3. 权威认证与安全保障

支付宝通过了多项权威认证和安全评估，如 ISO/IEC 27001 信息安全管理体系认证、PCI DSS 支付卡行业数据安全标准认证等，确保了用户数据的安全性和隐私保护。

支付宝还与多家银行机构合作，建立了完善的风险控制和资金托管机制，保障用户资金的安全性和可靠性。

（二）微信支付

微信支付是腾讯公司推出的第三方支付平台，依托微信社交平台的庞大用户基础，实现了线上线下全面覆盖的支付服务。

1. 平台特色

社交支付与便捷体验：微信支付与微信社交平台紧密结合，用户可以通过微信聊天窗口直接发送支付请求或收款链接，实现社交支付。同时，微信支付还支持扫码支付、公众号支付、小程序支付等多种支付方式，满足用户在不同场景下的支付需求。

多场景应用与增值服务：微信支付广泛应用于线上线下各种场景，如购物、餐饮、交通、医疗等。同时，微信支付还提供了理财、保险、信贷等增值服务，以及电子发票、会员服务等非金融服务，为用户提供全方位的支付和增值服务体验。

亲属卡功能与安全保障：微信支付提供亲属卡功能，用户可为子女或亲属设置留言和额度，方便家庭内部的资金流转。同时，微信支付采用先进的加密技术和多重验证机制，确保用户支付信息的安全性和账户的安全性。平台还设有严格的风险控制和合规体系，对所有交易进行实时监控和风险评估，保障用户资金安全。

2. 用户规模与影响力

微信支付凭借微信社交平台的庞大用户基础，迅速发展成为中国主流的第三方支付平台之一。微信支付的用户规模持续增长，已覆盖全球多个国家和地区。

微信支付的不断创新和发展，推动了移动支付行业的进步和变革。微信支付与多家国际支付机构合作，拓展跨境支付业务，为国际贸易和跨境电商提供便利。同时，微信支付还积极参与公益事业和社会责任项目，为社会的可持续发展贡献力量。

3. 权威认证与安全保障

微信支付通过了多项权威认证和安全评估，如 ISO/IEC 27001 信息安全管理体系认证、PCI DSS 支付卡行业数据安全标准认证等，确保了用户数据的安全性和隐私保护。

微信支付还与多家银行机构合作，建立了完善的风险控制和资金托管机制。同时，微信支付还提供了账户安全险等多种保险产品，为用户资金安全提供额外保障。

（三）抖音支付

抖音支付是字节跳动集团旗下的支付品牌，运营主体为抖音支付科技有限公司。该公司拥有央行颁发的第三方支付牌照，符合国家的金融监管要求。

（1）业务特色。

支付方式多样：抖音支付支持银行卡支付、零钱支付、银行卡+零钱组合支付等多种支付方式，满足用户不同场景下的支付需求。用户可以在抖音 APP 内直接使用抖音支付进行购物结算，无须跳转至其他支付平台。

便捷支付体验：抖音支付与抖音平台深度集成，用户在购物、打赏、充值等场景下可以一键完成支付，提升了支付效率和用户体验。

金融服务链接：抖音支付不仅是支付工具，还是链接抖音集团理财、信贷、保险等金融服务的纽带，助力平台的金融生态更加完善。

（2）安全保障。

技术保障：抖音支付采用先进的加密技术和多重验证机制，确保用户支付信息的安全性和账户的安全性。同时，抖音支付还建立了智能风控系统，通过多维度风险特征、大量风控规则和模型，精准识别并防范各种安全风险。

合规保障：抖音支付严格遵守国家相关法律法规和监管要求，确保业务的合规性和安全性。此外，抖音支付还与多家银行机构合作，建立了完善的风险控制和资金托管机制。

用户保障：抖音支付为用户提供了多种保障措施，如账户安全险、盗刷赔付等，确保用户在支付过程中的权益得到保障。

（3）用户规模与影响力。

抖音支付作为抖音平台的支付品牌，得益于抖音平台的庞大用户基础和高活跃度，用户规模持续扩大。抖音支付在短视频、直播带货等消费场景下具有得天独厚的优势，支付转化率较高。

（4）发展前景。

随着抖音平台的不断发展和用户规模的持续扩大，以及消费者对线上支付便捷性和安全性的需求日益增加，抖音支付有望在未来实现更加广泛的应用和更高的发展。同时，抖音支付也将继续加强技术创新和合规建设，提升支付服务的智能化、便捷性和安全性。

三、第三方支付平台的运作机制与流程

（一）运作机制

第三方支付平台作为电子商务交易中的重要环节，其运作机制融合了技术、信用、合规与安全等多个维度，确保了交易的顺畅与安全。以下是对运作机制的介绍和补充：

（1）信用中介与资金托管。

第三方支付平台在买家和卖家之间扮演信用中介的角色，这一机制由央行等监管机构明确支持并规范。如央行发布的相关规定中明确指出，第三方支付机构需作为独立的第三方，为交易双方提供资金托管服务。

买家支付货款后，资金首先进入第三方支付平台的托管账户，待买家确认收货并满意后，平台再将资金划转给卖家。这一过程中，平台不直接参与交易，但负责资金的监管与划转，确保了交易的安全性和可靠性。

（2）技术保障与数据加密。

第三方支付平台采用先进的加密技术，如 SSL 加密、RSA 加密等，确保用户支付信息在传输过程中的安全性。这些加密技术被广泛应用于金融领域，得到了行业内的广泛认可。

同时，平台还建立了多重验证机制，如短信验证、指纹识别、面部识别等，以确保用户身份的真实性和交易的安全性。这些验证机制均基于严格的身份验证技术和风险控制策略。

（3）合规监管与风险控制。

第三方支付平台必须严格遵守国家相关法律法规和监管要求，如《电子支付指引》《非银行支付机构网络支付业务管理办法》等。这些法规对平台的业务范围、资金安全、用户权益等方面都做出了明确规定。

平台与多家银行机构合作，建立了完善的风险控制和资金托管机制。通过实时监测交易数据、识别异常交易行为等方式，平台能够及时发现并防范潜在的风险。

（4）金融服务与增值服务。

除基本的支付功能外，第三方支付平台还提供了丰富的金融服务，如理财、信贷、保险等。这些服务不仅满足了用户的多样化需求，还增加了平台的用户黏性和竞争力。

同时，平台还注重增值服务的开发，如提供交易数据分析、营销推广支持等，帮助商家更好地运营业务并提升销售额。

（5）用户保障与纠纷处理。

第三方支付平台为用户提供了多种保障措施，如账户安全险、盗刷赔付等。这些措施确保了用户在支付过程中的权益得到保障，增强了用户对平台的信任感。

对于交易纠纷，平台会根据相关法律法规和平台规则进行公正、客观的调解和处理。通过设立客服热线、在线客服等多种渠道，平台能够及时响应用户的诉求并解决问题。

（二）交易流程

第三方支付平台的交易流程通常包括以下几个关键环节，这些环节确保了交易的顺畅、安全和合规性。

（1）用户注册与实名认证。

用户在第三方支付平台上进行注册，必须提供真实的个人信息，并进行实名认证。这一步骤是确保交易安全的基础，也是符合监管要求的重要措施。

（2）资金充值与绑定银行卡。

用户可以通过银行卡或其他支付方式向第三方支付平台充值一定金额的资金，以便进行后续的支付操作。充值过程中，平台会进行严格的资金安全验证，确保资金来源的合法性。

同时，用户需要将自己的银行卡信息绑定到第三方支付平台上，以便进行提现和后续的资金操作。这一步骤通常涉及银行卡的验证和授权，确保资金的安全流转。

（3）商品选购与支付。

用户在电商平台或线下商户处选购商品或服务，并选择使用第三方支付平台进行支付。支付过程中，平台会展示各种支付方式供用户选择，如银行卡支付、余额支付、信用卡支付等。

用户确认支付信息无误后，输入支付密码或进行其他身份验证操作，完成支付。支付成功后，平台会生成交易订单，并记录交易详情。

（4）商家发货与确认收货。

商家在收到第三方支付平台的支付通知后，按照订单要求发货。发货过程中，商家需要确保商品的质量和数量与订单一致，并及时更新物流信息。

用户收到货物后，在第三方支付平台上确认收货，并可以对商品进行评价。确认收货是交易流程中的重要环节，它标志着交易的完成和资金的最终划转。

（5）结算与提现。

根据与商家的协议，第三方支付平台将支付金额结算给商家。结算过程中，平台会进行严格的资金清算和对账操作，确保资金的准确无误。

用户可以将余额提现至自己的银行卡或其他支付账户。提现过程中，平台会进行身份验证和资金安全验证，确保提现操作的合法性和安全性。

（6）安全保障与纠纷处理。

在整个交易过程中，第三方支付平台会采取多种安全保障措施，如加密传输、风险控制、反欺诈系统等，确保用户资金的安全和交易的真实性。

若发生交易纠纷，第三方支付平台会根据相关法律法规和平台规则进行调解和处理。平台会提供客服支持、投诉渠道和纠纷处理机制，确保用户的合法权益得到保障。

第三方支付平台的交易流程涵盖了用户注册、资金充值、商品选购与支付、商家发货与确认收货、结算与提现以及安全保障与纠纷处理等多个环节。这些环节相互衔接、相互制约，共同构成了完整、安全、合规的交易流程。

任务三　电子商务支付安全与风险防控

一、支付过程中的安全风险类型

在电子商务的支付过程中，由于网络的开放性和交易的非面对面特性，存在多种安全风险。电子商务支付过程中常见的安全风险类型有：

（1）信息窃取风险。

定义：攻击者利用非法手段，如网络监听、钓鱼网站、恶意软件等，窃取用户在支付过程中的敏感信息，包括用户账号、密码、支付卡信息等。

后果：信息窃取可能导致用户资金被盗用，造成直接经济损失，并可能引发后续的法律纠纷。

（2）信息篡改风险。

定义：在支付数据传输过程中，攻击者可能通过篡改支付信息，如修改支付金额、收款方账户等，以达到欺诈目的。

来源：这种风险主要源于数据传输过程中的安全漏洞，如未使用加密传输、数据校验机制不完善等。

后果：信息篡改可能导致交易双方遭受经济损失，破坏交易公平性，损害电子商务的信誉。

（3）假冒身份风险。

定义：攻击者通过伪造用户身份或支付凭证，冒充合法用户进行交易，以获取非法利益。

来源：这种风险主要源于身份验证机制的不完善或存在漏洞，如使用弱密码、未采用多因素认证等。

后果：假冒身份可能导致商家和用户遭受经济损失，同时破坏电子商务交易的安全性。

（4）交易抵赖风险。

定义：交易双方中的一方在交易完成后，否认交易行为或结果，以逃避责任或获取不当利益。

来源：这种风险通常与交易记录的不完整、不可追溯或未采用数字签名等可信技术有关。

后果：交易抵赖可能导致法律纠纷，影响电子商务的正常运行和交易双方的信任关系。

（5）系统安全风险。

定义：电子商务支付系统本身存在的安全漏洞或缺陷，如系统漏洞、网络故障、病毒攻击等，可能导致系统瘫痪或数据泄露。

来源：这种风险主要源于系统设计和维护的不当，如未及时更新系统补丁、未采用安全配置等。

后果：系统安全风险可能导致整个支付系统瘫痪，造成巨大经济损失，并损害电子商务的声誉。

（6）管理风险。

定义：管理不当或制度不完善导致的安全风险，如内部人员作案、交易流程漏洞、安全管理制度不健全等。

来源：这种风险与电子商务企业的管理制度和内部控制有关，如未建立有效的访问控制机制、未定期进行安全审计等。

后果：管理风险可能导致企业资金流失，损害企业声誉，并可能引发法律诉讼和监管处罚。

（7）法律风险与合规风险。

定义：支付过程不符合相关法律法规或监管要求导致的风险，如未取得支付业务许可证、未遵守数据保护法规等。

来源：这种风险主要源于法律法规的更新和监管要求的变化，以及企业对法律法规理解的不足或忽视。

后果：法律风险与合规风险可能导致企业面临法律诉讼、罚款等处罚，并损害企业的合规形象和声誉。

为了防范这些安全风险，电子商务企业和用户需要采取一系列措施，包括加强网络安全防护、完善身份验证机制、建立健全的管理制度、遵守法律法规和监管要求等。同时，还需要不断提高自身的安全意识和风险防范能力，以确保电子商务支付的安全性和可靠性。

二、安全支付技术

在电子商务领域，安全支付技术是确保交易双方资金安全和合法权益的关键。以下是对几项核心安全支付技术（如图7-1）的详细阐述。

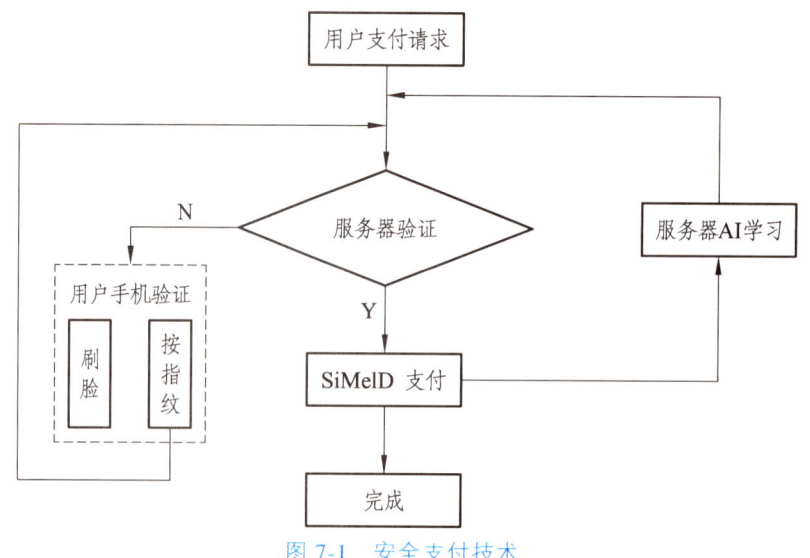

图7-1　安全支付技术

（一）加密技术

加密技术是电子商务安全支付的基础，它通过复杂的算法对数据进行加密处理，确保数据在传输和存储过程中的保密性。

作用：加密技术能够防止数据在传输过程中被截获和篡改，保证数据的完整性和真实性。同时，加密技术还可以验证数据的发送方和接收方，确保交易双方的身份真实可信。

应用：在电子商务支付中，加密技术广泛应用于用户信息的保护、交易数据的传输和存储等方面。例如，SSL/TLS 协议就是一种常见的加密技术，它可以在浏览器和服务器之间建立安全通道，保护数据的传输安全。

权威性：加密技术是信息安全领域的重要技术之一，其安全性和可靠性得到了广泛认可。

（二）认证技术

认证技术是电子商务安全支付的另一重要保障，它通过验证交易双方的身份和信息完整性，确保交易的合法性和不可抵赖性。

作用：认证技术可以防止身份冒用和信息篡改，保证交易的真实性和可信度。同时，认证技术还可以提供不可否认性服务，确保交易双方无法否认已经发生的交易行为。

应用：在电子商务支付中，认证技术主要应用于用户登录、支付密码验证、交易确认等环节。例如，多因素认证技术结合了密码、短信验证码、指纹识别等多种认证方式，提高了账户的安全性和可信度。

权威性：认证技术是信息安全领域的核心技术之一，其安全性和可靠性经过了严格的测试和验证，得到了广泛的应用和认可。

（三）安全电子交易协议（SET）

安全电子交易协议（SET）是一种为电子商务交易提供安全保障的协议，它确保了数据的安全传输和交易的完整性。

作用：SET 协议通过采用公钥密码体制和 X.509 数字证书标准，为交易双方提供身份认证、数据加密和完整性校验等服务。它可以有效防止数据在传输过程中被截获和篡改，确保交易的安全和可信度。

应用：SET 协议主要应用于 B2C 模式下的电子商务支付中，为商家和消费者提供安全保障。例如，在在线支付过程中，SET 协议可以确保支付信息的机密性、完整性和不可否认性，保护用户的隐私和资金安全。

权威性：SET 协议是由 VISA 和 MasterCard 两大信用卡公司联合推出的规范，已经获得了 IETF 标准的认可，并成为事实上的工业标准。其安全性和可靠性得到了广泛的认可和应用。

（四）黑客防范技术

黑客防范技术是电子商务安全支付的重要组成部分，它包括安全评估技术、防火墙和入侵检测技术等，用于防范黑客攻击和数据泄露。

作用：黑客防范技术可以及时发现和阻止黑客的攻击行为，保护系统的安全性和稳定性。同时，它还可以对系统的安全漏洞进行评估和修复，提高系统的安全防护能力。

应用：在电子商务支付中，黑客防范技术主要应用于系统的安全防护和监控方面。例如，通过配置防火墙和入侵检测系统，可以实时监控系统的网络流量和异常行为，及时发现并处理潜在的安全威胁。

权威性：黑客防范技术是信息安全领域的重要技术之一，其安全性和可靠性经过了严格的测试和验证。许多知名的安全公司和机构都在不断研究和开发新的黑客防范技术，以提高系统的安全防护能力。

（五）虚拟专用网技术（VPN）

虚拟专用网技术（VPN）是一种在公用互联网络上构造专用网络的技术，它通过公共网络构造成逻辑上的虚拟子网，进行安全的通信。

作用：VPN 技术可以确保数据在传输过程中的保密性和完整性，防止数据被截获和篡改。同时，它还可以提供身份认证和访问控制等服务，确保只有授权用户可以访问系统资源。

应用：在电子商务支付中，VPN 技术主要应用于远程访问和跨地域通信等方面。例如，企业可以通过 VPN 技术建立安全的远程访问通道，让员工在异地也能安全地访问企业内部资源。

权威性：VPN 技术是网络安全领域的重要技术之一，其安全性和可靠性得到了广泛的认可和应用。许多企业和机构都在使用 VPN 技术来保护其网络通信的安全性。

（六）反病毒技术

反病毒技术是电子商务安全支付的另一重要保障，它包括预防病毒、检测病毒和清除病毒等技术，用于保护系统免受病毒攻击。

（1）作用。

预防病毒：通过系统监控和内存优先控制，反病毒技术能够在病毒进入系统前及时发现并阻止其运行，从而有效预防病毒感染。

检测病毒：利用病毒特征库和智能分析技术，反病毒技术能够准确识别系统中的病毒程序，包括已知病毒和未知病毒。

清除病毒：对于已经感染病毒的系统，反病毒技术能够提供有效的消毒工具，清除病毒程序并恢复系统正常运行。

（2）应用。

在电子商务支付系统中，反病毒技术主要应用于服务器和客户端的病毒防护。通过安装杀毒软件、定期更新病毒库以及进行全盘扫描，可以确保系统环境的清洁和安全。

此外，反病毒技术还与防火墙、入侵检测系统等安全技术相结合，形成多层次的安全防护体系，共同抵御病毒攻击。

（3）权威性。

反病毒技术基于信息安全领域的深入研究和实践经验，其有效性和可靠性得到了广泛认可。

许多知名的安全公司和机构，如微软、赛门铁克、卡巴斯基等，都在不断研发和优化反病毒技术，以应对不断变化的病毒威胁。

同时，反病毒技术也遵循国际标准和行业规范，如 ISO/IEC 27001 信息安全管理体系等，确保其符合国际安全标准。

电子商务安全支付技术涵盖了加密技术、认证技术、安全电子交易协议、黑客防范技术、虚拟专用网技术和反病毒技术等多个方面。这些技术相互补充、共同协作，为电子商务交易提供了全方位的安全保障。采用这些技术，可以确保交易数据的保密性、完整性、真实性和不可抵赖性，从而保护交易双方的合法权益和资金安全。同时，这些技术也遵循国际标准和行业规范，确保其安全性和可靠性得到了广泛认可。在电子商务不断发展的今天，这些安全支付技术将继续发挥重要作用，为电子商务的健康发展提供有力支持。

三、支付风险防范的策略与措施在电子商务的蓬勃发展中，支付安全成为用户和企业共同关注的焦点。为了确保电子商务交易的顺利进行和用户资金的安全，必须采取有效的风险防范策略与措施。

（1）识别假冒网站和虚假短信/邮件。

持卡人应谨慎确认支付页面网站域名的真伪，避免使用假冒网站进行交易。在输入网址时，应仔细核对，防止因一字之差而陷入诈骗陷阱。同时，对于收到的与银行卡、支付有关的短信或邮件，应保持警惕，验证发送者的真实身份或内容，以防诈骗。不轻易点击短信或邮件中的链接，而是直接通过官方渠道进行确认和操作。

（2）密码安全。

密码是保护支付账户安全的第一道防线。用户不应设置简单的密码，如生日、电话号码等容易猜测的信息。相反，应使用复杂且难以猜测的密码，并定期更换。同时，注意支付终端的安全性，避免在公共场所进行网上支付，以防密码被窥视或盗取。此外，安装反病毒、反木马软件也是保障支付安全的重要措施，这些软件能有效防止恶意程序对支付环境的破坏。

（3）使用银行自有的网络支付渠道。

建议使用银行自有的网络支付渠道，如网上银行、手机银行，这些渠道通常具有更高的安全性和可靠性。在进行支付时，应申请领取身份认证介质工具（如 U 盾或电子密码器）进行数字签名，确保交易经过本人确认。这种方式能有效防止支付指令被篡改或盗用，保障支付安全。

（4）减少与第三方机构的"绑定"操作。

尽量避免开通第三方支付公司的快捷支付业务，以防信息泄露和账户被盗用。虽然第三方支付提供了便捷的支付体验，但与之绑定的银行账户和信用卡信息可能面临泄露风险。因此，在享受便捷的同时，也应关注支付安全，谨慎选择支付方式。

（5）专门办卡用于网上支付。

为网上购物或支付办一张专用卡，不将大额资金或高透支额度的信用卡暴露在网络上。这种方式能将网上支付的风险与日常资金账户隔离，即使网上支付账户被盗用，也能最大限度减少损失。

（6）风险识别与评估。

对电子商务交易过程中可能出现的支付风险进行全面梳理和识别，是制定有效防范策略的前提。应采用定性与定量相结合的方法进行评估，确定风险等级和影响程度。通过风险评估，可以明确哪些风险需要优先关注，为后续风险防范提供决策依据。

（7）安全策略制定。

制定全面的安全策略是防范电子商务支付风险的关键。安全策略应包括技术策略、管理策略、法律策略和应急策略。在技术层面，应采用先进的加密技术和安全防护措施，确保支付数据的安全传输和存储。在管理层面，应建立健全的安全管理制度和流程，提升员工安全意识，降低人为风险。同时，遵守相关法规要求，保障支付业务的合规性。在应急层面，应制定详细的应急预案，确保在发生支付风险时能够及时响应和处理。

电子商务支付安全与风险防范涉及多个方面，包括技术、管理、法律等多个层面。为了确保电子商务交易的顺利进行和用户资金的安全，需要用户、银行和第三方服务提供商共同努力，采取有效的风险防范策略与措施。通过识别假冒网站和虚假短信/邮件、加强密码安全、使用银行自有的网络支付渠道、减少与第三方机构的"绑定"操作、专门办卡用于网上支付、进行风险识别与评估以及制定全面的安全策略，可以构建更加安全可靠的电子商务支付环境。

任务四　支付与安全新技术及应用

一、区块链技术及其在支付安全中的应用

随着数字经济的蓬勃发展，支付安全成为金融领域的重要议题。区块链技术，作为一种去中心化、透明且安全的分布式账本技术，为支付安全提供了新的解决方案。

（一）区块链技术基础

（1）定义与原理。

区块链是一种通过去中心化和无须依赖可信第三方的方式集体维护一个可靠数据库的技术方案。

它允许网络中的参与者在不需要中心化信任机构的情况下进行安全、可追溯、不可篡改的数据交换和传输。

（2）核心特性。

去中心化：消除单点故障，提高系统稳定性。

透明性：所有交易记录公开透明，可验证。

安全性：采用加密技术，确保数据安全和隐私保护。

不可篡改性：一旦数据被写入区块链，就无法被篡改或删除。

（二）区块链技术在支付安全中的应用

（1）去中心化支付系统。

区块链技术可以构建去中心化的支付系统。这些系统不依赖于传统的金融机构或支付平台，降低了交易成本和时间。

通过智能合约，支付双方可以设定交易规则和条件，并确保这些规则在交易过程中得到严格执行，无须第三方机构的介入。

（2）加密技术保障支付安全。

区块链采用先进的加密技术，如公钥和私钥系统、哈希函数等，确保支付过程中的数据安全和隐私保护。如哈希函数确保交易数据的完整性，任何对交易数据的篡改都会导致哈希值的变化，从而被系统及时发现。

（3）共识机制确保支付一致性。

区块链通过共识机制，如工作量证明（PoW）、权益证明（PoS）等，确保所有节点对交易数据达成一致。这种机制有效防止了双重支付和欺诈交易的发生，保证了支付的一致性和可靠性。

（4）智能合约自动执行支付。

智能合约是区块链技术的又一重要应用，它能够在满足特定条件时自动执行交易。通过智能合约，支付过程可以变得更加自动化和高效，减少了人为干预和欺诈的可能性。

（5）可追溯性助力打击金融犯罪。

区块链技术的可追溯性特点使得每一笔交易都可以被追踪和查询。一旦发生欺诈或违法行为，监管部门可以通过区块链技术迅速定位和追查相关交易，从而及时采取措施进行干预和打击。

（三）区块链支付安全案例分析

案例：2025年，蚂蚁集团与日本三菱UFJ银行联合推出"跨境支付区块链平台"，聚焦中日B2B贸易、跨境电商及供应链金融场景，通过区块链技术重构跨境支付信任机制。

核心技术与安全机制：

（1）分布式账本与智能合约。

交易数据通过加密算法分布式存储，智能合约自动执行支付条款（如"货到付款"）。跨境支付时间从3天缩短至5秒，单笔成本从150美元降至30美元。

（2）零知识证明与隐私保护。

企业身份信息加密，仅交易双方可见，大额交易自动拆分地址，避免资金轨迹暴露。

（3）动态合规引擎内置中日监管规则库，交易前自动校验合规性，欺诈率降至0.03%。

创新与成效：

（1）机器信任替代信用中介：减少对SWIFT等系统的依赖，实现去中心化信任。

（2）区域金融一体化实践：为"数字人民币+数字日元"跨境支付提供技术样本。

（3）跨境支付安全：区块链技术可以简化跨境支付流程，降低交易成本和时间。同时，由于区块链的透明性和不可篡改性，跨境支付的安全性也得到了显著提升。

（四）挑战与展望

（1）挑战。

扩展性：区块链的扩展性是一个主要挑战，需要解决交易处理速度和网络吞吐量的问题。

能耗问题：工作量证明机制的高能耗问题亟待解决，权益证明等替代方案正在探索中。

隐私保护：在保证透明性的同时，需要解决数据隐私和保护问题。

（2）展望。

随着技术的不断成熟和应用的深入拓展，区块链技术在支付安全领域的应用前景广阔。未来，区块链技术有望与更多传统支付系统融合，共同构建更加安全、高效、便捷的支付生态。

区块链技术通过其去中心化、透明、安全和不可篡改的特性，为支付安全提供了新的解决方案。虽然仍面临一些挑战，但随着技术的不断进步和应用场景的拓展，区块链技术在支付安全领域的应用前景值得期待。

二、人工智能在支付风险识别中的作用

随着数字支付的普及，支付风险成为金融机构和消费者共同关注的问题。为了更有效地识别和防范支付风险，人工智能技术逐渐被引入支付风险识别中，发挥着日益重要的作用。

（一）人工智能技术概述

人工智能，特别是机器学习算法，具有强大的数据处理和分析能力。通过学习和识别数据中的模式，人工智能可以预测和识别潜在的风险。在支付风险识别中，这些技术被用来分析海量的交易数据，以发现异常行为和潜在的风险模式。

（二）人工智能在支付风险识别中的具体作用

（1）风险评估能力。

人工智能通过机器学习算法，对海量交易数据进行实时分析，能够精准、全面地评估贷款申请人的信用风险，有效降低坏账率。这种风险评估能力使得金融机构能够更准确地判断申请人的还款能力，从而做出更合理的贷款决策。

（2）实时监测与预警系统。

人工智能技术的应用使得支付系统能够实现实时监测和预警潜在的金融风险。通过持续监控交易数据，人工智能可以及时发现异常行为和潜在的欺诈风险，为金融机构提供及时的预警，以便采取相应的措施。

（3）数据驱动的决策支持。

AI 技术在风险管理中的应用推动了从依赖经验判断到数据驱动决策的转变。通过分析大量的内外部数据，金融机构可以为风险管理提供更为科学的决策支持。这种数据驱动的决策方式提高了金融风险的识别能力与评估能力，使得风险管理更加精准和有效。

（4）个性化风险管理。

在个性化理财方面，AI 技术能够根据投资者的需求和市场情况，提供定制化的理财方案。通过分析投资者的年龄、职业、家庭状况等因素，AI 可以为其推荐适合的保险产品、基金、债券等投资产品，帮助投资者实现财富增值和保值。这种个性化风险管理方式提高了投资者的满意度和忠诚度。

（5）欺诈检测与安全防范。

在金融交易中，欺诈行为一直是一个严重的问题。AI 技术的强大数据分析能力使得欺诈检测变得更为精准和高效。通过实时监测交易数据，AI 系统可以发现异常交易行为和模式，并及时发出警报，从而有效防范欺诈行为的发生。

（三）面临的挑战与应对措施

尽管人工智能在支付风险识别中发挥着重要作用，但同时也面临着一些挑战。例如，数据隐私与保护问题、算法偏见与公平性问题以及专业人才短缺等。为了应对这些挑战，金融机构需要加强数据保护机制、构建可解释性强的 AI 模型并提高风控系统的透明度和可信度，同时加大 AI 技能人才的培养和引进力度。

人工智能通过其强大的数据处理和分析能力为支付风险识别提供了新的解决方案。通过提高评估的准确性和效率，人工智能有助于金融机构更好地识别、评估和管理金融风险，保障金融市场的稳定和可持续发展。展望未来，随着人工智能技术的不断进步和应用场景的拓展，其在支付风险识别中的作用将更加凸显，为支付安全提供更加强有力的保障。同时，金融机构也需要积极应对挑战，加强技术创新和人才培养，以充分发挥人工智能在支付风险识别中的潜力。

基础练习

一、单项选择题

1. 电子商务支付的核心特点是（　　　　）。
   A. 及时性　　　　B. 间接性　　　　C. 滞后性　　　　D. 低效率
2. 以下哪项不属于第三方支付平台的功能？（　　　　）
   A. 资金流转与支付结算　　　　B. 信息查询与账单管理
   C. 商品生产与配送　　　　D. 跨境支付与多币种结算
3. 以下哪个平台不是第三方支付平台？（　　　　）
   A. 支付宝　　　　B. 微信支付　　　　C. 中国工商银行网上银行　　　　D. 京东支付

4. 在电子商务支付过程中,采用( )技术可以确保数据在传输过程中的安全性。
   A. 加密　　　　　B. 解密　　　　　C. 编码　　　　　D. 压缩
5. 区块链技术通过以下哪种机制确保支付的一致性和可靠性,并有效防止双重支付?（ ）
   A. 去中心化　　　　　　　　B. 共识机制
   C. 智能合约　　　　　　　　D. 加密技术

二、多项选择题

1. 电子商务支付的基本构成包括（ ）。
   A. 支付主体　　　B. 支付工具　　　C. 支付平台　　　D. 支付法规
2. 以下哪些是电子商务支付的主要类型?（ ）
   A. 在线支付　　　B. 货到支付　　　C. 移动支付　　　D. 第三方支付
3. 支付体系在电子商务中的重要性体现在哪些方面?（ ）
   A. 提高交易效率与便捷性　　　　B. 降低商品成本
   C. 保障交易安全　　　　　　　　D. 推动电子商务创新与发展
4. 电子商务安全支付技术包括哪些?（ ）
   A. 加密技术　　　　　　　　B. 智认证技术
   C. 数据分析技术　　　　　　D. 安全电子交易协议
5. 以下哪些措施有助于提高电子商务支付的安全性?（ ）
   A. 使用复杂密码并定期更换　　B. 随意点击不明链接进行支付
   C. 只在官方网站上输入支付信息　D. 安装防病毒软件

三、名词解释

1. 电子商务支付

2. 第三方支付平台

3. SSL/TLS 协议

四、简答题

1. 简述支付体系在电子商务中的重要性。

2. 列举并解释电子商务安全支付技术的几种核心技术。

3. 简述电子商务支付过程中常见的安全风险及其防范措施。

项目八 电子商务相关法律法规

 学习目标

一、知识目标

（1）掌握电子商务法律法规的基本原则和框架。

（2）学习与电子商务相关的合同法、知识产权法、消费者权益保护法等法律知识。

（3）了解电子商务交易中的电子合同、电子签名、数据保护等方面的法律规定。

二、能力目标

（1）能够分析和评估网络交易中的法律风险和责任。

（2）培养识别和评估电子商务法律风险的能力。

（3）掌握电子商务纠纷解决的法律途径和方法。

三、素养目标

（1）关注电子商务法律法规的发展动态，了解新兴技术和商业模式对法律的影响。

（2）关注电子商务行业的最新动态和趋势，不断提升自己的专业素养和竞争力。

任务一　电子商务立法必要性与作用

一、电子商务立法必要性

电子商务的立法必要性体现在多个层面。首先，互联网的普及和电子商务的飞速发展已经深刻改变了传统的商业模式。这一变革催生了诸多新的法律议题，例如电子合同

的法律效力、消费者隐私的保护、电子支付的安全性等,这些问题亟需通过立法来明确和规范。

其次,鉴于电子商务的全球性质,需要统一的法律规范来调和国际的法律差异,确保电子商务活动的顺畅进行。制定电子商务法律法规有助于构建跨境电子商务的法律框架,推动国际贸易的繁荣与发展。

此外,电子商务立法对于保护消费者权益、维护市场秩序至关重要。通过界定电子商务经营者的责任与义务,并规范其商业行为,可以有效遏制虚假宣传、欺诈销售等违法行为,从而保障消费者的合法权益。同时,电子商务法律法规的实施也有助于促进市场竞争的公平性,预防垄断和不正当竞争行为的发生。

综上所述,电子商务立法是顺应时代发展的必然选择,对于推动电子商务的健康发展、保护消费者权益、维护市场秩序等方面具有深远的意义。进一步延伸来看,电子商务立法也是适应数字经济时代的关键步骤。数字经济已成为全球经济发展的重要趋势,其核心在于数据的流通与应用。作为数字经济的关键组成部分,电子商务在数据的收集、存储、处理和传输等环节都涉及数据安全和隐私保护的问题。因此,电子商务立法必须充分考虑数字经济的特性,明确数据保护的法律界限,规范数据的合法使用,确保个人和企业的数据安全。

同时,电子商务立法还应关注技术创新和产业发展的需求。电子商务是一个充满活力和创新的领域,新技术和新模式的不断涌现为行业发展注入了新动力。然而,技术创新和产业发展也带来了新的挑战和问题,例如人工智能、区块链等技术在电子商务中的应用所引发的法律争议。因此,电子商务立法需要具备前瞻性与包容性,既要为技术创新提供法律支持,又要为产业发展预留足够的空间。

最后,电子商务立法还应加强国际合作与交流。鉴于电子商务的全球化性质,其法律问题的复杂性和多样性不言而喻。不同国家和地区在法律制度、文化背景和价值观念上存在差异,这要求各国在电子商务立法过程中应加强沟通与协调,共同促进全球电子商务法律体系的完善与发展。通过加强国际合作与交流,可以借鉴其他国家和地区的先进经验与做法,提升我国电子商务的立法质量和水平。

综上所述,电子商务立法是一项复杂而重要的任务。它不仅需要充分考虑当前电子商务发展的实际情况和问题,还需要具备前瞻性与包容性,为未来的技术创新和产业发展提供法律保障。同时,加强国际合作与交流也是推动全球电子商务法律体系完善和发展的关键所在。

二、法律法规在电子商务中的作用

电子商务法律法规的作用主要体现在以下几个方面:

1. 规范市场秩序

通过制定相关法律法规,确保电子商务活动的公平性和透明度,防止不正当竞争和市场垄断行为。这些法律法规有助于建立一个健康有序的市场环境，使得所有参与方能够在公平的条件下进行竞争，从而促进市场的良性发展。它们为电子商务市场提供了一套明确的规则和标准，确保各方在交易过程中遵循相同的准则，从而避免了市场混乱和不公平现象的发生。

2. 保护消费者权益

法律法规为消费者提供明确的权益保护措施，包括个人信息安全、交易安全、商品质量保证以及售后服务等方面。这些措施确保消费者在进行电子商务活动时能够享有基本的权益保障，减少因信息不对称或欺诈行为而造成的损失。此外，法律法规还规定了消费者在遇到问题时的投诉渠道和解决机制，使得消费者在面对纠纷时能够得到及时有效的帮助。

3. 促进电子商务发展

明确的法律框架可以增强企业和消费者对电子商务的信心，从而促进电子商务行业的健康发展。一个健全的法律体系能够为企业提供稳定的经营环境，降低经营风险，同时也能够吸引更多消费者参与电子商务活动。法律法规的制定和实施，为电子商务的发展提供了有力的法律保障，使得企业能够在一个可预测和稳定的环境中进行创新和扩展业务。

4. 解决纠纷

法律法规提供解决电子商务活动中可能出现的纠纷的法律依据，包括合同违约、知识产权侵权等问题。这些法律依据为解决纠纷提供了明确的指导和依据，有助于快速有效地处理各类争议，维护市场秩序。通过法律手段解决纠纷，不仅能够保护当事人的合法权益，还能够增强整个市场的信任度和稳定性。

5. 防范风险

通过法律法规的制定和执行，可以有效防范和减少网络诈骗、金融欺诈等风险，维护网络交易的安全。法律法规的制定有助于提高电子商务参与者的法律意识，减少违法行为的发生，从而保障网络交易的安全和稳定。此外，法律法规还规定了对违法行为的处罚措施，起到了一定的威慑作用，使得潜在的违法者在进行不法行为前会有所顾忌。

6. 国际合作与交流

电子商务法律法规有助于国际电子商务领域的合作与交流，为跨境电子商务活动提供法律支持和保障。随着全球化的发展，电子商务活动越来越多地涉及跨国交易，明确的法律法规有助于解决跨境交易中的法律问题，促进国际合作与交流。这不仅有助于简化跨境交易流程，降低交易成本，还能够为各国电子商务企业在全球市场中的竞争提供公平的法律环境。

任务二　电子商务合同法与电子签名法

一、电子商务合同法概述

（一）电子商务合同法的定义与重要性

电子商务合同法是指管理以电子形式缔结的商务合同的法律法规。它涵盖了电子合同的成立条件、法律效力、执行细节、变更与解除规则以及违约责任等内容。电子商务合同法是数字时代商业交易的法律基石，它定义了在电子环境中进行的商业交易的法律框架，确保了交易双方的权益得到保护，并为电子商务活动提供了可预测性和稳定性。

电子商务合同法的重要性主要体现在以下方面：

（1）它为电子交易提供了必要的法律保障，确保了交易各方的权益，增加了电子商务的可信度。

（2）它规范了电子市场的交易行为，为参与电子商务的各方提供了统一的行为标准，有助于减少法律纠纷。

（3）电子商务合同法紧跟技术发展的步伐，满足了现代社会对于电子交易法律调整的需求。

（4）它为跨国电子商务提供了法律依据，推动了国际贸易的发展和全球市场的整合。

（二）电子商务合同法的历史发展

电子商务合同法的历史发展是随着互联网技术的飞速进步和全球电子商务的蓬勃发展而不断演进的。自20世纪90年代互联网商业化以来，电子商务合同法经历了从无到有、从简单到复杂的转变。早期的电子商务合同法主要关注合同的电子形式和电子签名的法律效力，而今，它已经扩展到包括消费者保护、数据隐私、跨境交易等多个层面。例如，联合国国际贸易法委员会（UNCITRAL）在1996年通过的《电子商务示范法》为全球电子商务合同法的发展奠定了基础，而随后的《电子签名示范法》则进一步明确了电子签名的法律地位。据统计，截至2021年，全球已有超过100个国家和地区制定了专门的电子商务合同法或相关法律，以适应数字经济的需求。在实践中，诸如亚马逊、阿里巴巴等电子商务巨头的崛起，不仅推动了电子商务合同法的完善，也促使各国政府和国际组织不断更新相关法律框架，以适应新的商业模式和技术革新。

（三）电子合同的法律效力

电子商务合同法主要涉及电子商务活动中合同的订立、履行、变更、解除及争议解决等方面的法律规范。电子合同的法律效力是指电子合同在法律上被认可和执行的能力。根据我国的法律规定，电子合同与纸质合同具有同等的法律效力，前提是它们满足一定的条件。这些条件通常包括：

（1）合同当事人的真实意思表示：电子合同必须真实反映双方或多方当事人的意愿，不得存在欺诈、胁迫等情形。

（2）合同内容的合法性：合同的内容不得违反法律、行政法规的强制性规定，不得违背公序良俗。

（3）合同形式的合法性：电子合同的订立和表现形式应当符合法律规定。例如，某些类型的合同可能要求必须以书面形式订立，而电子合同可能需要满足特定的技术要求，如电子签名、时间戳等。

（4）电子签名和认证：电子签名是电子合同法律效力的关键因素之一。电子签名必须能够确保合同内容的完整性和未被篡改，同时，电子签名的认证机构应当是合法授权的。

（5）证据的可接受性：在发生争议时，电子合同必须能够作为证据被法院或仲裁机构接受，以证明合同关系的存在和内容。

（6）符合特定行业或领域的规定：某些特定行业或领域可能有额外的法律要求，电子合同必须符合这些特定规定。

在实践中，电子合同的法律效力得到了广泛认可，许多国家和地区通过立法或司法解释确认了电子合同的法律地位。例如，联合国《电子商务示范法》和《电子签名示范法》为电子合同的法律效力提供了国际性的框架。此外，各国也有自己的电子商务法或电子签名法，对电子合同的法律效力进行了明确规定。

在电子商务法律法规的框架下，电子合同的法律效力是构建网络交易信任基石的关键要素。随着互联网技术的飞速发展，电子合同已成为电子商务活动中不可或缺的一部分。然而，电子合同的法律效力也面临挑战，如合同双方身份的确认、合同内容的篡改风险以及跨国法律适用的复杂性。因此，电子签名与认证机制的建立成为确保电子合同法律效力的重要手段。通过数字证书、时间戳等技术手段，电子签名不仅能够确保合同内容的完整性和不可否认性，还能够提供合同签署的时间证据，从而在法律上确立电子合同的有效性。

二、电子签名法

（一）电子签名法的定义与法律效力

电子签名法作为电子商务合同法的重要组成部分，其定义与法律效力在数字时代具有划时代的意义。电子签名法确立了电子签名在法律上的等同地位，使得电子文档和传统纸质文档一样具有法律效力，从而为电子商务合同的订立提供了法律保障。例如，根据联合国《电子商务模式示范法》第7条，电子签名在满足一定条件下，应当被视为与手写签名具有同等的法律效力。这不仅简化了交易流程，降低了成本，还提高了交易的安全性和效率。在实践中，电子签名法的实施促进了电子合同的广泛使用，如亚马逊、阿里巴巴等大型电商平台，均依赖电子签名来确认交易，保障了数以亿计的在线交易的合法性与安全性。

（二）电子签名法的国际标准与比较

在探讨电子商务合同法与电子签名法的国际标准与比较时，我们不得不提及联合国国际贸易法委员会（UNCITRAL）所制定的《电子签名示范法》。该示范法为全球电子签名的法律框架提供了基础，它强调了电子签名的法律效力，确保了电子签名与手写签名具有同等的法律地位。例如，根据《电子签名示范法》，电子签名在满足一定条件下，可以作为合同成立的证据，这为电子商务合同的订立提供了法律保障。在实践中，《中华人民共和国电子签名法》和欧盟的《电子签名指令》都是根据这一国际标准制定的，它们在各自的法律体系中确立了电子签名的合法性，并推动了电子商务的发展。

进一步的，国际上的比较揭示了不同国家在电子签名法实施上的差异。以美国和欧盟为例，美国的《电子签名法》允许消费者通过电子方式同意合同条款，而欧盟的《电子签名指令》则要求成员国确保电子签名的法律效力，并且在某些情况下，成员国可以对电子签名的使用施加额外的条件。这种差异反映了不同法律体系对电子签名的接受程度和监管方式的不同。例如，美国在电子签名的使用上更为宽松，而欧盟则在确保数据保护和消费者权益方面更为严格。这种差异性要求跨国电子商务企业在开展业务时，必须对目标市场的电子签名法有深入的了解和适应。

最后，正如中国法律界所倡导的"法律是人类文明与智慧的结晶，旨在维护社会公正与良好秩序"，在电子商务合同法与电子签名法的国际标准与比较中，我们应当认识到，尽管存在差异，但各国法律的共同目标是确保电子商务的健康发展，保护消费者权益，并促进全球贸易的便利化。因此，国际社会在制定和比较电子签名法时，应致力于寻找平衡点，以实现法律的普适性和适应性。

三、电子商务合同的订立与效力

（一）电子商务合同的订立过程

在数字时代，电子商务合同的订立过程是电子商务合同法与电子签名法相互作用的焦点。随着互联网技术的飞速发展，传统的合同订立方式正逐渐被电子合同所取代。根据国际电子商务协会的数据显示，2020年全球电子商务交易额已突破4万亿美元[①]，这一数字的增长离不开电子合同的普及和法律认可。电子合同的订立过程通常包括要约、承诺、合同内容的确定以及电子签名的使用等环节。例如，亚马逊平台上的商家与消费者之间的交易，从商品浏览、下单、支付到电子发票的生成，整个过程均通过电子方式完成，而电子签名则为这一过程提供了法律上的认可和保障。

在电子商务合同的订立过程中，电子签名法的实施为合同双方提供了明确的法律地位。电子签名不仅确保了合同的不可否认性，还通过技术手段保障了合同内容的完整性和保密性。例如，使用区块链技术的电子签名，可以提供时间戳和不可篡改的记录，从而增强了合同的法律效力。在实践中，电子签名法的实施也促进了跨境电子商务的发展，因为不同国家和地区的法律对电子签名的接受程度不同，这要求电子商务合同的订立必须考虑到国际法律的兼容性。

然而，电子商务合同的订立过程也面临着诸多挑战，如技术安全问题、法律适用问

---

① 数据来源于eMarketer《2020年电商报告》。

题以及消费者权益保护等。例如，2017年发生的美国征信巨头Equifax数据泄露事件，影响了1.43亿美国消费者的个人信息[①]，这不仅对消费者权益造成了损害，也对电子合同的安全性提出了质疑。因此，电子商务合同法必须不断更新，以适应技术进步和市场变化，确保合同订立过程的公正、安全和高效。同时，法律框架需要提供足够的灵活性，以适应不同类型的电子商务活动，从而促进数字经济的健康发展。

（二）电子商务合同的法律效力与执行

在数字时代，电子商务合同的法律效力与执行是确保交易安全和维护市场秩序的关键。随着互联网技术的飞速发展，电子商务合同的订立和履行越来越多地依赖于电子签名和电子文档。根据联合国国际贸易法委员会（UNCITRAL）的模型法，电子签名与手写签名具有同等的法律效力，这为电子商务合同的执行提供了法律基础。

然而，电子商务合同的执行并非没有挑战。由于电子合同的无形性和易篡改性，确保合同的真实性和完整性成为法律执行中的一个难题。例如，2017年，美国最高法院在审理"直邮营销协会诉FTC案"中，确认了FTC对电子合同中消费者同意的解释，强调了在电子环境中确保消费者知情同意的重要性。这表明，即便在电子签名法的框架下，合同的执行仍需结合消费者保护法律，以确保合同的公平性和透明度。

在实践中，电子商务合同的执行还依赖于有效的监管机制和技术手段。例如，区块链技术的引入为合同执行提供了新的可能性，通过其不可篡改的特性，可以增强合同的可追溯性和安全性。此外，智能合约的使用，即通过代码自动执行合同条款，为电子商务合同的执行提供了创新的解决方案。正如法律学者劳伦斯·莱西格所言："代码即法律"，在电子商务合同的执行中，技术代码正逐渐成为法律效力的重要组成部分。

综上所述，电子商务合同的法律效力与执行是一个多维度的问题，涉及法律、技术和社会等多个层面。随着技术的不断进步和法律的逐步完善，电子商务合同的执行机制将更加成熟，为全球电子商务的发展提供坚实的法律保障。

四、电子签名在电子商务合同中的应用

（一）电子签名的法律地位与作用

电子签名在法律上被认定为一种有效的签名形式，它与传统的手写签名具有同等的法律效力。电子签名的法律地位主要体现在以下几个方面：

（1）法律认可：多数国家的法律体系已经认可电子签名的合法性。例如，我国的《中华人民共和国电子签名法》和欧盟的《电子签名指令》都明确规定了电子签名的法律效力。

（2）同等效力：电子签名在法律上与手写签名具有同等的效力，可以用于证明文件的签署人身份，确认签署人对文件内容的同意。

电子签名的作用主要体现在以下几个方面：

---

① 数据来源于央视财经。

（1）促进交易：电子签名的使用简化了交易流程，降低了交易成本，提高了交易效率，尤其在电子商务和远程交易中发挥了重要作用。在远程工作和全球化的商业环境中，电子签名使得签署文件不受地理位置的限制，方便了跨地域的商务活动。

（2）安全保障：电子签名通常与数字证书、时间戳等技术相结合，确保了签名的不可否认性和文件的完整性，为电子交易提供了安全保障。

（3）加强法律效力：电子签名的使用有助于确保合同和协议的法律效力，为签署双方提供了法律保护。

（4）促进无纸化办公：电子签名的普及有助于推动无纸化办公，减少对纸质文件的依赖，符合环保和可持续发展的要求。

（5）便于存储和管理：电子签名的文件易于存储和管理，便于检索和备份，减少了物理空间的占用。

总之，电子签名作为一种现代技术手段，其法律地位和作用在商业交易、合同签订、文件管理等多个领域都得到了广泛的认可和应用。

（二）电子签名在合同订立中的具体应用

在数字时代，电子签名在电子商务合同订立中的应用已成为一种不可或缺的法律工具。电子签名不仅提高了合同订立的效率，还确保了交易的安全性和合法性。根据《联合国电子签名示范法》的定义，电子签名是指"附着于或与电子记录相关联的，用以识别签名人的身份，并表明签名人认可电子记录内容的数据"。这一定义强调了电子签名的法律地位和作用，即它能够像传统手写签名一样，作为合同当事人意愿的明确表示。

以我国为例，电子签名在中国的合同订立中具有法律效力，根据《中华人民共和国电子签名法》，电子签名与手写签名或者印章具有同等的法律效力。具体应用如下：

（1）网络购物合同：消费者在电子商务平台上购买商品时，通过点击确认订单按钮，即视为电子签名，合同即刻成立。例如，淘宝、京东等大型电子商务平台，每天都有成千上万的交易通过电子签名完成，这些签名通常通过点击"同意"按钮或使用数字证书来实现。

（2）服务合同：例如，用户通过在线服务提供商的网站或应用程序注册账户时，通常需要勾选同意服务条款的选项，这可以视为电子签名，表明用户同意服务合同的内容。

（3）租赁合同：出租方和承租方通过电子邮件或在线租赁平台达成租赁协议，双方通过电子签名确认合同条款，合同即成立。

（4）软件许可协议：用户下载软件时，通常需要点击"我同意许可协议"按钮，这代表用户以电子签名的方式接受了软件许可协议的条款。

（5）企业间的采购合同：企业之间通过电子邮件或电子文档交换合同文本，并通过电子签名确认合同条款，从而完成合同的订立。

在所有这些情况下，电子签名的使用都必须确保身份的确认、意愿的真实表达以及合同内容的完整性和不可篡改性，以满足法律对电子签名有效性的要求。

《中华人民共和国电子签名法》的实施极大地促进了电子商务的发展，使得在线交易变得更为便捷和安全。在实践中，电子签名的应用不仅限于简单的点击确认，还包括更高级的生物识别技术，如指纹识别和面部识别，以增强签名的唯一性和不可否认性。例如，苹果公司的 Face ID 技术被用于其 Apple Pay 服务中，用户通过面部识别来完成支付，这实际上也是一种电子签名的应用。

电子签名的法律地位和作用在电子商务合同订立中得到了广泛认可。根据《中华人民共和国电子商务合同法》的规定，电子合同与纸质合同具有同等的法律效力，只要满足合同成立的基本要件，如当事人的真实意思表示、合同内容的合法性等。电子签名的使用，使得合同的订立过程更加高效，同时降低了交易成本，提高了交易的安全性。

然而，电子签名在合同订立中的应用也面临着挑战，如技术安全问题、法律适用问题等。因此，需要采取相应的策略来应对这些挑战，比如加强电子签名技术的安全性，完善相关法律法规，确保电子签名在合同订立中的法律效力得到充分保障。通过这些措施，电子签名在电子商务合同订立中的应用将更加广泛和成熟，为数字时代的商业交易提供坚实的法律基础。

五、电子商务合同法的挑战与应对

（一）电子商务合同法面临的法律挑战

在数字时代，电子商务合同法面临的法律挑战是多方面的。首先，跨境交易的普及使得合同法的适用范围和管辖权问题变得复杂。例如，不同国家对于合同成立的要件、效力认定以及违约责任的规定存在差异，这在实践中可能导致法律冲突和执行难题。以数据保护为例，欧盟的通用数据保护条例（GDPR）对个人信息的处理提出了严格要求，这可能与某些国家的电子商务合同法存在冲突，从而给全球电子商务企业带来合规挑战。

其次，电子签名的法律地位虽然在多数国家得到认可，但其安全性、可靠性和技术标准的统一性仍是一个挑战。电子签名技术的不断进步，如区块链技术的应用，虽然提高了签名的安全性和不可篡改性，但同时也带来了新的法律问题，比如如何确保技术的中立性和普遍接受性。此外，电子签名的法律效力在不同法域中的认可程度不一，这在国际交易中尤为突出。

再者，消费者保护在电子商务合同法中是一个持续的挑战。随着电子商务的迅猛发展，消费者权益保护法律需要不断更新以应对新的欺诈手段和不公平交易行为。例如，虚假广告、误导性营销以及个人信息的滥用等问题，都需要通过法律手段加以规范和解决。在实践中，如何平衡商家的商业自由与消费者的权益保护，成为电子商务合同法需要不断探索的课题。

最后，随着人工智能、大数据和物联网等新兴技术的融合，电子商务合同法的未来趋势将面临更多不确定性。这些技术的发展可能会改变合同的订立方式、履行过程以及违约责任的认定,从而对现有的法律框架提出新的要求。因此,法律制定者和实践者需要不断学习和适应技术变革,以确保法律能够有效应对未来挑战。

(二)应对电子商务合同法挑战的策略与建议

在应对电子商务合同法的挑战时,策略与建议的制定必须基于对当前法律框架的深入理解和对市场动态的敏锐洞察。例如,随着跨境电子商务的蓬勃发展,合同法必须适应不同国家法律体系的差异,以确保合同的全球效力。国际商会(ICC)的《电子商务示范法》为解决此类问题提供了参考,它强调了合同的电子形式与传统形式具有同等法律效力,为国际电子商务合同的订立提供了法律基础。此外,采用先进的技术手段,如区块链,可以增强合同的不可篡改性和透明度,从而提升合同执行的可靠性。正如比尔·盖茨所言:"在未来的电子商务中,信任将是一个关键的货币。"因此,建立一个安全、可信的电子合同执行环境是应对挑战的关键策略之一。

六、电子签名法的实施与监管

(一)电子签名法的实施机制

在电子商务合同法的框架下,电子签名法的实施机制是确保交易安全和法律效力的关键。电子签名法通过确立电子签名的法律地位,为电子商务合同的订立提供了技术上的保障和法律上的认可。例如,根据联合国《电子商务模式示范法》和《电子签名示范法》,电子签名与手写签名具有同等的法律效力,这为全球电子商务的发展奠定了基础。在实践中,电子签名的实施机制通常包括技术标准的制定、认证机构的授权以及电子签名的验证和存档等环节。如《中华人民共和国电子签名法》明确了电子签名法律效力,允许电子签名在各类交易中使用,前提是满足相关法律法规的要求。此外,电子签名法的实施还涉及数据保护和隐私权的保护,确保在使用电子签名的过程中,个人数据不被滥用或泄露。因此,电子签名法的实施机制不仅需要技术上的创新,还需要法律上的支持和监管,以适应数字时代不断变化的商业环境。

(二)电子签名法的监管框架与实践

在数字时代,电子签名法的监管框架与实践是确保电子商务合同法有效运作的关键。监管框架必须适应技术的快速发展,同时保障交易的安全性和法律的严肃性。例如,世界贸易组织(WTO)的贸易便利化协定和联合国的《电子商务示范法》等国际法律框架,为电子签名提供了法律基础,确保了电子签名在全球范围内的法律效力。监管机构通过制定明确的规则和标准,如时间戳、数字证书和安全认证机构(CA)的使用,来确保电子签名的真实性和不可否认性。实践中,电子签名的应用案例显示,其在提高合同处理效率、降低成本方面具有显著优势。例如,一家大型在线零售商通过实施电子签名系统,将合同签署时间从几天缩短到几分钟,显著提升了业务流程的效率。然而,监管框架也需不断更新以应对新出现的挑战,如区块链技术带来的去中心化签名验证,这要求监管者在确保法律适应性的同时，也要保护消费者权益和数据安全。

七、电子签名法与数据保护

（一）电子签名法中的数据保护要求

在电子商务合同法与电子签名法的框架下，数据保护要求成为确保交易安全和维护消费者权益的关键因素。电子签名法规定，电子签名的使用必须确保个人数据的保密性、完整性和可用性，这不仅涉及技术层面的加密措施，还包括对数据处理过程的严格监管。例如，《中华人民共和国网络安全法》和《中华人民共和国个人信息保护法》为电子签名法中的数据保护提供了严格的法律保障，确保个人数据的保密性、完整性和可用性。要求企业对个人数据的处理必须遵循透明性原则，并赋予数据主体对其个人数据的控制权。在实践中，这意味着电子签名服务提供商必须采取先进的安全措施，如多因素认证和端到端加密技术，以防止数据泄露和未经授权的访问。此外，电子签名法还要求对数据处理活动进行记录，以便在发生数据安全事件时能够追溯和处理。正如信息安全专家布鲁斯·施奈尔所言："安全不仅是技术问题，更是管理问题。"因此，电子签名法中的数据保护要求不仅需要技术上的创新，还需要在法律和管理层面进行综合考量。

（二）数据保护法律在电子签名法中的作用

在电子商务合同法与电子签名法的框架下，数据保护法律扮演着至关重要的角色。随着数字化转型的加速，电子签名的应用日益广泛，数据保护法律确保了个人和企业信息的安全性与隐私性。例如，《中华人民共和国个人信息保护法》为电子签名的使用提供了严格的法律框架，要求在处理个人数据时必须遵循透明性、合法性、目的限制和数据最小化等原则。这不仅保护了消费者免受数据滥用的风险，同时也为电子签名的合法性和可接受性提供了法律保障。在实践中，电子签名服务提供商必须确保其技术符合《中华人民共和国网络安全法》的要求，例如通过实施加密技术来保护数据传输过程中的安全，以及通过数据访问控制来限制对敏感信息的访问。此外，数据保护法律还要求在发生数据泄露时及时通知受影响的个人和监管机构，这在电子签名的使用中尤为重要，因为签名往往与合同等重要文件相关联。"隐私权是人类最珍贵的权利之一，是文明社会的基础。"因此，数据保护法律在电子签名法中的作用不仅体现了对个人隐私权的尊重，也是电子商务合同法得以顺利实施的基石。

八、电子商务合同法的未来趋势

（一）电子商务合同法的发展方向

随着数字经济的蓬勃发展，电子商务合同法正面临着前所未有的变革。根据国际电子商务交易量的统计数据，全球电子商务销售额在2023年已超过6.4万亿美元，并预计在未来几年内将持续增长。[1]这一趋势不仅推动了电子商务合同法的快速发展，也对法律框架提出了新的要求。例如，联合国国际贸易法委员会（UNCITRAL）的《电子商务示范法》为全球电子商务合同法的发展提供了基础，而欧盟的《电子商务指令》则为成员国提供了电子商务合同法的最低标准。在这样的背景下，电子商务合同法的发展方向正朝着更加国际化、标准化和灵活化迈进，以适应不断变化的商业环境和技术进步。

在电子商务合同法的发展方向中，一个关键的焦点是合同的订立和效力问题。随着区块链技术的兴起，智能合约的概念逐渐成为研究热点。智能合约通过代码自动执行合同条款，为电子商务合同的执行提供了新的可能性。例如，以太坊平台上的去中心化应用（DApps）已经成功运用智能合约进行交易，这表明未来电子商务合同法可能需要将智能合约纳入法律框架内，以确保其法律效力和可执行性。此外，随着消费者对在线交易安全和隐私保护意识的增强，电子商务合同法也需进一步强化对消费者权益的保护。

在应对电子商务合同法面临的挑战方面，法律专家和政策制定者正在探索新的策略和建议。例如，引入"沙箱"机制允许企业在受控环境中测试新的合同模式，而不必立即受到现有法律框架的限制。这种做法已在一些国家的金融科技领域得到应用，并显示出其促进创新和保护消费者权益方面的潜力。同时，随着人工智能和大数据分析技术的发展，合同法的实施和监管也趋向于更加智能化和精准化，以提高法律执行的效率和公正性。未来，电子商务合同法的发展将更加注重与新兴技术的融合，以构建一个更加安全、高效和公平的数字交易环境。

（二）电子签名法与新兴技术的融合前景

随着区块链技术的兴起，电子签名法与新兴技术的融合前景显得尤为光明。区块链以其不可篡改、去中心化的特点，为电子签名提供了更为安全和可靠的保障。例如，以太坊平台上的智能合约能够自动执行合同条款，确保交易的透明性和不可逆性。这种技术的融合不仅提高了合同执行的效率，还降低了欺诈和违约的风险。在电子商务法律法规的构建中，电子签名与认证的法律问题占据了核心地位，它们是确保网络交易安全、提升交易效率的关键法律工具。电子签名的法律效力在多数国家和地区已经得到认可，例如，联合国《电子商务模式法》和我国《中华人民共和国电子签名法》都明确规定了可靠的电子签名与手写签名具有同等的法律效力。电子签名不仅简化了交易流程，还降低了交易成本，提高了交易速度。然而，电子签名的法律效力也面临着技术安全性的挑战，如数字签名的伪造和篡改问题。因此，电子认证机构的建立和运作，以及相关技术标准的制定，成为保障电子签名法律效力的重要环节。例如，欧盟的 eIDAS 条例[2]为电

---

[1] 数据来源于 Webretailer《2023 年全球电商平台报告》。
[2] eIDAS 是"电子身份认证和信任服务"（electronic IDentification, Authentication and trust Services）的缩写，是欧盟制定的一套法律框架，旨在建立一个统一的欧洲电子身份和信任服务市场。该框架于 2014 年正式生效，目的是确保跨欧盟成员国的电子交易、电子文档和电子签名的法律效力，增强电子服务的安全性和信任度。eIDAS 包括电子身份认证服务、电子签名、电子时间戳、电子认证服务提供者和电子信任服务等。通过 eIDAS，个人和企业可以在网上以电子方式安全、可靠地进行身份验证和签署文件，从而简化和加速各种在线行政和商业程序。

子认证提供了统一的法律框架，确保了跨成员国的电子交易的法律认可。在实践中，电子签名与认证的法律问题也与消费者保护密切相关，如在某些案例中，消费者可能因为电子签名的不充分而无法证明其交易意愿，从而影响到消费者权益的保护。

此外，人工智能（AI）技术在电子签名法中的应用也日益广泛。AI可以用于验证签名者的身份，通过生物识别技术如指纹、面部识别或声音识别来增强电子签名的安全性。例如，使用AI驱动的面部识别技术，可以确保只有授权用户才能签署合同，从而减少身份盗用的风险。正如比尔·盖茨所言："我们总是高估了在一年内可以做到的事情，却低估了在十年内可以做到的事情。"AI与电子签名法的结合，预示着未来合同签署将更加智能化、个性化，同时法律框架也将不断适应这些技术进步。

物联网（IoT）技术的发展同样为电子签名法带来了新的应用场景。随着越来越多的设备连接到互联网，电子签名可以用于验证设备之间的交易，确保数据交换的安全性。例如，在智能家居系统中，电子签名可以用于确认用户对智能设备的控制权，或在远程医疗设备中确保患者数据的安全传输。这种技术融合不仅提高了交易的便捷性，还为电子签名法的适用范围带来了新的拓展。

综上所述，电子签名法与新兴技术的融合前景广阔，不仅能够提升合同法律效力的保障，还能推动电子商务合同法的进一步发展。随着技术的不断进步，法律框架需要不断更新以适应这些变化，确保在数字时代中电子签名法能够为电子商务合同提供坚实的法律基础。

任务三　电子商务知识产权保护

一、电子商务知识产权保护概述

（一）知识产权在电子商务中的重要性

在数字化时代，知识产权在电子商务中的重要性日益凸显。随着互联网的普及和电子商务的蓬勃发展，知识产权保护成为维护市场秩序、促进创新和保障消费者权益的关键因素。根据Webretailer发布的《2023年全球电商平台报告》显示，2023年全球电商销售额达到6.3万亿美元，预计到2025年，这一数字将超过7.5万亿美元，占全球消费支出的近四分之一（23.6%）。[①]在这样一个庞大的市场中，知识产权的保护不仅关系到原创者的利益，也影响着整个电子商务生态系统的健康与可持续发展。

知识产权的保护能够激励创新，为电子商务平台上的商家和消费者提供一个公平竞争的环境。例如，亚马逊平台上的假冒伪劣商品问题曾一度泛滥，不仅损害了正品商家的利益，也对消费者造成了损失。通过加强知识产权保护，亚马逊等电子商务平台能够更好地打击侵权行为，维护市场秩序。正如美国前总统林肯所言："专利制度为天才之火添加了利益之油。"

---

① 数据来源于Webretailer《2023年全球电商平台报告》。

知识产权的保护正是电子商务领域中激励创新和保护消费者权益的"利益之油"。

此外,知识产权保护对于电子商务中的品牌建设至关重要。品牌不仅是企业形象的代表,也是消费者识别和信任的标志。在电子商务平台上,知识产权的保护有助于防止品牌被仿冒和滥用,确保消费者能够购买到正品,从而增强消费者对电子商务平台的信任。例如,苹果公司通过其强大的知识产权保护策略,成功地维护了其产品的独特性和市场地位,为公司带来了巨大的经济利益和品牌价值。

综上所述,知识产权在电子商务中的重要性不容忽视。它不仅关系到创新的激励、市场的公平竞争,还直接关联到品牌建设和消费者权益的保护。随着电子商务的不断进步和知识产权保护意识的增强,我们有理由相信,一个更加健康、有序的电子商务环境将为全球经济发展注入新的活力。

(二)电子商务活动中的知识产权类型

电子商务活动中的知识产权类型主要包括以下几种:

(1)商标权:商标权是指商标注册人对其注册商标所享有的独占使用权。在电子商务中,商标权保护品牌标识、商品名称、服务标志等,防止他人未经许可使用相同或近似的标识。

(2)专利权:专利权保护发明创造,包括发明专利、实用新型专利和外观设计专利。电子商务平台上的产品可能涉及各种专利技术,专利权的保护可以防止他人未经许可制造、使用、销售或进口专利产品。

(3)著作权:著作权保护文学、艺术和科学作品的原创性表达,如软件代码、网页设计、产品描述、图片、视频和音乐等。在电子商务中,著作权保护网站内容、产品介绍、广告材料等不受未经授权的复制和分发。

(4)商业秘密:商业秘密是指不为公众所知悉、能为权利人带来经济利益、具有实用性并且权利人采取了保密措施的信息。电子商务企业可能拥有客户数据、营销策略、供应链信息等商业秘密,需要保护这些信息不被泄露或盗用。

(5)域名权:域名是互联网上识别和访问网站的地址。虽然域名本身不直接属于知识产权,但其独特性和识别性使其具有一定的财产价值。域名权保护企业或个人对其注册域名的独占使用权,防止他人恶意抢注或使用相似域名进行混淆。

(6)地理标志:地理标志是标示商品特定地理来源的标志,并且该商品的质量、声誉或其他特性基本上取决于其地理来源。电子商务中销售的农产品、食品、手工艺品等可能涉及地理标志的保护。

这些知识产权类型在电子商务活动中相互交织,共同构成了一个复杂的法律保护体系,以确保企业和个人的创新和创意得到合理保护。

二、国际知识产权保护条例

(一)世界知识产权组织(WIPO)的电子商务指导原则

在探讨电子商务知识产权保护的法律框架与实践指南时,世界知识产权组织(WIPO)

的电子商务指导原则提供了重要的国际视角。WIPO 作为全球知识产权保护的重要机构，其电子商务指导原则强调了知识产权在电子商务环境中的保护与执行，旨在促进全球电子商务的健康发展。根据 WIPO 的指导原则，电子商务平台需要建立有效的知识产权保护机制，以应对日益增长的在线侵权行为。例如，Webretailer《2023 年全球电商平台报告》中提到全球电子商务交易额已超过 3.5 万亿美元，这表明电子商务已成为知识产权侵权行为的高发区。[①]因此，平台必须采取措施，如实施知识产权侵权监测系统，以识别和阻止侵权行为。同时，WIPO 还提倡通过教育和培训提高公众对知识产权保护的意识，例如，通过案例分析，展示知识产权保护对于创新和经济增长的重要性。此外，WIPO 的指导原则还强调了国际合作的重要性，指出各国应共同努力，通过双边或多边协议，加强跨境知识产权的保护和执行力度。

（二）TRIPS 协议与电子商务知识产权保护

TRIPS 协议，即《与贸易有关的知识产权协议》，是世界贸易组织（WTO）框架下的一项重要国际协议，它为成员在电子商务领域的知识产权保护提供了基础性的法律框架。TRIPS 协议强调了知识产权的保护对于促进技术创新和公平贸易的重要性，并要求成员在专利、版权、商标和工业设计等方面提供最低标准的保护。随着电子商务的迅猛发展，TRIPS 协议在这一领域的应用变得尤为关键。例如，根据 TRIPS 协议，成员必须确保电子商务平台上的假冒伪劣商品得到有效打击，以保护消费者权益和合法经营者的利益。在实践中，TRIPS 协议的执行促进了全球知识产权保护的统一化，为电子商务的健康发展提供了法律保障。然而，由于电子商务的跨境特性，TRIPS 协议在实际操作中也面临着诸多挑战，如不同国家法律体系的差异、执行力度的不均衡以及技术更新速度的加快等问题，这些都需要通过国际合作和法律创新来不断解决。

三、中国电子商务知识产权保护法规

（一）《中华人民共和国电子商务法》相关规定

《中华人民共和国电子商务法》作为电子商务领域的基础性法律，对知识产权保护提供了明确的法律框架。该法律不仅强调了电子商务平台经营者在知识产权保护方面的责任，还规定了对侵权行为的处罚措施。例如，根据该法第四十二条，电子商务平台经营者应当建立知识产权保护规则，采取必要措施，防止知识产权侵权行为的发生。此外，该法还规定了对侵权行为的处罚，包括但不限于删除、屏蔽、断开链接等措施，并对严重侵权行为的经营者可以处以最高五十万元人民币的罚款。实践中，这一规定促使了各大电商平台如淘宝、京东等加强了对假冒伪劣商品的打击力度，提升了知识产权保护的效率和效果。

在电子商务知识产权保护的实践中，数据和案例分析显示，平台的主动监管和快速响应机制对于预防和打击侵权行为至关重要。例如，阿里巴巴集团的"阿里巴巴知识

---

① 数据来源于 Webretailer《2023 年全球电商平台报告》。

产权保护平台"利用大数据分析技术，结合人工智能算法，能够高效识别潜在的侵权商品，并及时采取措施。通过技术手段和法律框架的结合，可以显著提升知识产权保护的水平。

在电子商务知识产权保护的法律救济途径方面，《中华人民共和国电子商务法》提供了明确的指引。《中华人民共和国电子商务法》第四十五条规定，知识产权权利人可以向电子商务平台经营者发出通知，要求采取删除、屏蔽、断开链接等必要措施。如果平台未及时采取措施，权利人可以向有关主管部门投诉，甚至可以向人民法院提起诉讼。这种多层次的救济途径，不仅为权利人提供了充分的法律保护，也促进了电子商务市场的健康发展。电子商务法的实施，正是为知识产权的创新之火添加了法律的燃料，保障了创新者的权益，激励了更多的创新活动。

（二）《中华人民共和国著作权法》在电子商务中的应用

在电子商务的迅猛发展背景下，知识产权尤其是著作权的保护显得尤为重要。《中华人民共和国著作权法》为电子商务中的知识产权保护提供了法律基础，它不仅保护了作者的创作成果，也促进了文化和科技的创新与传播。例如，根据该法，著作权人享有信息网络传播权，即通过网络向公众提供作品的专有权。未经许可上传、下载或分享受保护作品，属于直接侵犯该权利。这在很大程度上遏制了网络盗版行为。据统计，2020年中国网络版权保护力度加强，网络侵权盗版案件数量同比下降了15%，这在一定程度上反映了著作权法在电子商务领域的实际效力。

然而，在实际操作中，电子商务平台上的著作权侵权行为仍然层出不穷。以淘宝、京东等大型电商平台为例，尽管平台方采取了诸如实名认证、侵权投诉系统等措施，但侵权商品的下架速度往往赶不上上架速度。这要求电子商务平台与著作权法的执行机构之间需要更紧密的合作，以提高侵权行为的识别和处理效率。同时，中国可以借鉴国际经验，如建立类似的版权保护机制，加强电子商务平台上的版权保护，提高侵权行为的识别和处理效率。在电子商务知识产权保护的实践中，著作权法的应用也面临着新的挑战。随着人工智能、大数据等技术的发展，作品的创作和传播方式发生了革命性的变化。例如，AI生成的内容是否应受到著作权法的保护，以及如何保护，成为一个亟待解决的问题。对此，我国著作权法需要不断更新和完善，以适应新技术带来的挑战。电子商务知识产权保护的法律框架也必须与时俱进，以确保创作者的权益得到充分的尊重和保护。

四、知识产权侵权行为的识别与防范

（一）电子商务平台上的侵权行为类型

在电子商务的迅猛发展背景下，知识产权侵权行为日益多样化，给权利人和平台带来了严峻挑战。根据《中国电子商务报告（2023）》，2023年中国电子商务交易规模达到

50.57万亿元人民币，同比增长6.31%。[1]然而，这一增长的背后，也伴随着知识产权侵权案件的激增。

在电子商务的浪潮中，侵犯知识产权的行为层出不穷，严重扰乱了市场秩序，损害了合法经营者的权益。这些行为具体包括但不限于以下几种情况：

（1）未经授权销售假冒伪劣商品：例如，一些不法商家在电子商务平台上销售假冒的名牌服饰、手表、电子产品等，这些商品往往以低价吸引消费者，但其质量无法得到保证，严重侵犯了正品品牌的知识产权和消费者的合法权益。

（2）盗版软件和数字内容的销售：在互联网的虚拟空间里，盗版软件和数字内容的销售行为屡见不鲜。不法分子通过非法复制和销售未经授权的软件、音乐、电影、电子书等，不仅侵犯了原创者的版权，也对整个创意产业造成了巨大的冲击。

（3）商标侵权：在电子商务领域，商标侵权行为时有发生。一些商家为了吸引顾客，使用与他人注册商标相同或相似的标志，误导消费者认为其商品或服务与商标持有人有关联，这种行为不仅侵犯了商标所有者的权益，也破坏了市场的公平竞争环境。

（4）侵犯专利权：专利权是发明创造者的重要法律保障。然而，在电子商务平台上，一些商家销售的产品或提供的服务侵犯了他人的专利权，例如，未经许可销售具有专利技术的产品，这种行为不仅损害了专利权人的利益，也影响了创新技术的健康发展。

（5）侵犯著作权：在数字时代，著作权的保护尤为重要。电子商务平台上的商家未经著作权人许可，复制、发行、展示或传播其作品，如图片、文章、设计图等，这种行为不仅侵犯了创作者的合法权益，也对文化产业的繁荣构成了威胁。

（6）域名抢注：域名抢注是一种常见的不正当竞争行为。一些人通过注册与知名品牌或商标相似的域名，意图通过转让或使用该域名获取不正当利益，这种行为不仅侵犯了商标权人的利益，也对网络空间的秩序造成了破坏。

这些侵犯知识产权的行为不仅对知识产权所有者造成了直接的经济损失，也对整个电子商务市场的健康发展构成了威胁。因此，加强知识产权保护，打击侵权行为，是维护电子商务市场秩序、促进经济可持续发展的必要举措。

例如，2019年，阿里巴巴集团处理了超过2 000万件侵权商品，涉及知识产权侵权案件超过100万件。[2]这些数据凸显了知识产权保护在电子商务领域的紧迫性。在识别和防范这些侵权行为时，平台需要采取主动监控、快速响应机制，并与权利人合作，利用大数据分析和人工智能技术来提高侵权行为的识别效率。电子商务平台必须不断强化知识产权保护措施，以维护健康的市场环境。

（二）如何在电子商务活动中预防知识产权侵权

在电子商务领域，知识产权侵权行为的预防是维护市场秩序和保护创新成果的关键。据世界知识产权组织统计，每年全球因知识产权侵权造成的经济损失高达数千亿美元。因此，电子商务平台必须采取有效措施减少侵权行为的发生。在电子商务活动中，预防

---

[1] 数据来源于《中国电子商务报告（2023）》。
[2] 数据来源于《2019阿里巴巴知识产权保护年度报告》。

知识产权侵权对于维护一个健康的市场环境至关重要。为此，企业可以实施以下策略：

（1）对员工进行系统的知识产权法律培训，提升他们的法律意识和侵权识别能力，确保在日常工作中能够遵循知识产权保护的相关规定。

（2）在商品上架前，企业需对供应商提供的商品进行详细的知识产权审核，包括但不限于商标、专利和版权的合法证明，确保所有商品均符合知识产权法律要求。

（3）企业必须承诺使用正版软件和设计资源，避免使用任何未经授权的第三方软件或模板，从而减少侵权风险。

（4）定期对电子商务平台上的商品进行监测，利用先进的技术手段发现潜在的侵权行为，并及时采取措施予以制止。

（5）设立一个便于消费者和第三方举报侵权行为的机制，确保一旦发现侵权情况，能够迅速响应并采取相应的法律行动。

（6）与专业的知识产权律师团队建立合作关系，以便在遇到侵权问题时，能够得到及时有效的法律支持和建议。

（7）在与供应商和合作伙伴的合同中明确知识产权保护条款，确保各方的知识产权得到尊重和保护。

（8）随着知识产权法律的更新，企业应不断更新自身的知识产权政策，确保其与最新的法律法规保持一致。

通过上述措施，企业可以在电子商务活动中有效预防知识产权侵权，保护自身和他人的合法权益，同时维护良好的商业信誉和市场秩序。

五、知识产权保护的执行与维权

（一）电子商务平台的知识产权保护责任

在电子商务迅猛发展的背景下，知识产权保护成为平台运营中不可忽视的重要环节。根据《中华人民共和国电子商务法》的相关规定，电子商务平台经营者有义务采取必要措施，保护知识产权，防止侵权行为的发生。例如，平台需要建立有效的侵权投诉机制，及时响应权利人的投诉，并采取删除、屏蔽、断开链接等必要措施。据统计，2020 年，中国电子商务平台处理的知识产权侵权投诉案件数量已超过 100 万件，这凸显了平台在知识产权保护方面所承担的巨大责任。

在实践中，知识产权保护责任的履行不仅涉及法律规定的遵守，还要求电子商务平台运用先进的技术手段和管理策略。例如，利用大数据分析和人工智能技术，平台可以更高效地识别和过滤侵权内容。此外，平台还应与权利人建立合作机制，通过共享信息、联合打击侵权行为，共同维护健康的网络市场环境。保护知识产权就是保护创新。电子商务平台在保护知识产权方面的努力，不仅有助于维护权利人的合法权益，也是推动整个行业创新发展的关键。

然而，知识产权保护责任的履行并非易事，它要求平台在保障用户自由表达和促进商品流通的同时，平衡好知识产权的保护。在某些情况下，平台可能面临权利人与用户之间的利益冲突。因此，平台需要建立一套公正、透明的规则体系，确保在处理侵权纠纷时能够做到公平合理。同时，平台还应积极参与国际合作，与全球知识产权保护机构和组织保持沟通，共同应对跨境侵权问题，为电子商务的全球化发展提供坚实的知识产权保护基础。

（二）知识产权侵权的法律维权途径

电子商务活动中的知识产权侵权问题日益突出，法律维权途径主要包括以下几个步骤：

（1）收集证据：在发现侵权行为后，首先应收集相关证据，包括但不限于侵权商品的网页截图、交易记录、商品描述、销售者信息等。

（2）发出警告：可以通过平台提供的投诉渠道向电子商务平台发出侵权警告，要求其采取措施，如删除侵权商品信息、冻结或关闭侵权卖家账户等。

（3）行政投诉：如果平台处理不力，可以向工商行政管理部门或知识产权局等相关部门投诉，请求其介入调查。

（4）法律诉讼：作为最后手段，可以向人民法院提起诉讼，要求侵权方停止侵权行为、赔偿损失等。

（5）申请保全措施：在诉讼过程中，为了防止侵权行为继续或证据灭失，可以向法院申请财产保全或证据保全。

在整个维权过程中，建议咨询专业的知识产权律师，以确保维权行动的合法性和有效性。

任务四 电商活动中的消费者权益保护

一、消费者权益保护的重要性

消费者权益保护的重要性体现在以下几个方面：

（1）维护公平交易：消费者权益保护确保消费者在购买商品和服务时能够得到公平对待，防止商家通过不正当手段欺诈消费者，如虚假宣传、价格欺诈等，从而维护市场交易的公正性。

（2）促进市场健康发展：消费者是市场经济的重要组成部分，保护消费者权益能够增强消费者信心，促进消费者积极消费，进而推动市场经济的健康发展。

（3）提高产品质量与服务水平：消费者权益保护机制促使企业关注产品质量和售后服务，以满足消费者需求，提高竞争力。企业为了维护自身声誉和市场地位，会不断提升产品和服务质量。

（4）防止消费者受到伤害：消费者权益保护有助于防止消费者因购买不合格产品或

接受不安全服务而受到身体或财产上的伤害。通过制定和执行相关法律法规，确保消费者的安全和健康。

（5）促进社会和谐稳定：消费者权益保护有助于解决消费者与商家之间的纠纷，减少社会矛盾，维护社会和谐稳定。消费者在权益受到侵害时能够通过合法途径维权，有助于增强社会公平正义感。

（6）提升消费者意识：消费者权益保护教育有助于提高消费者的自我保护意识，使消费者更加理性地进行消费决策，避免盲目消费和冲动购物，从而更好地维护自身利益。

（7）推动可持续发展：消费者权益保护倡导绿色消费、可持续消费理念，引导消费者选择环保、节能的产品和服务，推动企业履行社会责任，促进经济、社会和环境的可持续发展。

综上所述，消费者权益保护对于维护市场秩序、促进经济发展、保障消费者安全和提升社会整体福祉具有重要意义。

二、电商活动中的消费者权益问题

（一）电商活动中的消费者权益

根据《中华人民共和国消费者权益保护法》规定，电商活动中的消费者权益主要有：

（1）知情权：消费者有权获得商品或服务的真实信息，包括但不限于商品的价格、产地生产者、用途、性能、规格、等级、主要成分、生产日期、有效期限、检验合格证明、使用方法说明、售后服务等。

（2）自主选择权：消费者有权自主选择提供商品或者服务的经营者，自主选择商品品种或者服务方式，自主决定购买或者不购买任何一种商品、接受或者不接受任何一项服务。

（3）公平交易权：消费者在购买商品或者接受服务时，有权获得质量保障、价格合理、计量准确等公平交易条件，有权拒绝经营者的强制交易行为。

（4）安全保障权：消费者有权要求经营者提供的商品或者服务符合保障人身、财产安全的要求。

（5）获得赔偿权：消费者因购买、使用商品或者接受服务受到人身、财产损害的，有权依法获得赔偿。

（6）知识教育权：消费者有权获得有关消费和消费者权益保护的教育。

（7）组织结社权：消费者有权依法组织和参加消费者组织，通过消费者组织维护自己的合法权益。

（8）提出意见和建议权：消费者有权对商品和服务的质量、价格、计量、服务态度等提出意见和建议。

（9）法律规定的其他权利：消费者还享有法律规定的其他权利，如隐私权、个人信息保护权等。

（二）商品质量问题与消费者权益

在电商活动的浪潮中，商品质量问题已成为消费者权益保护领域面临的一大挑战。据统计，2022年，中国消费者协会共受理了超过10万件关于网络购物的投诉，其中商品质量问题占到了相当大的比例。[①]商品质量问题不仅影响消费者的购物体验，更可能对消费者的健康和安全造成威胁。例如，假冒伪劣商品的流通，不仅侵犯了消费者的知情权和选择权，还可能引发安全事故，如劣质化妆品导致皮肤问题，或不合格的电器产品引发火灾等。正如美国消费者权益保护先驱拉尔夫·纳德所言："消费者有权利获得安全、有效且价格合理的产品。"因此，电商平台和监管机构必须采取有效措施，确保商品质量，保护消费者权益。为了确保商品质量的提升，我们需要从源头上加强控制，确保生产环节的每一个步骤都符合严格的标准。这包括对原材料的严格筛选、生产过程的严密监控以及对最终产品的全面检验。通过这些措施，我们可以最大限度地减少不合格产品的流入市场。

此外，完善商品质量检测机制也是至关重要的。这意味着我们需要建立一个全面、科学的检测体系，涵盖从实验室检测到市场抽检的各个环节。通过定期和不定期的检测，我们可以及时发现并处理质量问题，确保消费者的利益得到保障。

提高违法成本是另一个关键措施。对于那些违反质量标准的企业，我们必须施加严厉的惩罚，包括高额的罚款、吊销营业执照甚至追究法律责任。通过这种方式，我们可以有效地遏制不法行为，促使企业自觉遵守质量标准，从而提高整个市场的质量水平。

最后，建立快速有效的消费者投诉和赔偿机制也是不可或缺的。这需要我们设立便捷的投诉渠道，让消费者能够轻松地反映问题，并确保相关部门能够迅速响应并处理投诉。同时，建立一个公正的赔偿机制，确保消费者的合法权益在遇到质量问题时能够得到及时的补偿。通过这些措施，我们可以增强消费者的信心，促进市场的健康发展。

（三）价格欺诈与消费者权益

在电商活动中，价格欺诈是侵犯消费者权益的常见形式之一。根据中国消费者协会发布的数据，2022年有关网络购物的价格问题投诉占总投诉量的15.3%，显示出价格欺诈问题的普遍性。[②]价格欺诈不仅损害了消费者的经济利益，也破坏了市场的公平竞争环境。例如，一些电商平台在促销期间通过虚假折扣、先涨后降等手段误导消费者，造成消费者实际支付的价格高于商品的正常市场价值。这种行为违反了消费者权益保护的基本原则，即公平交易原则，即消费者有权获得真实、准确的商品或服务信息，以及公平的价格。

在分析模型方面，可以参考经济学中的"信息不对称理论"，该理论指出在交易中信息优势方可能会利用信息不对称来获取不正当利益。在电商活动中，卖家往往掌握比消费者更多的商品信息，若卖家利用这一点进行价格欺诈，消费者则处于不利地位。因此，电商平台和政府监管机构需要采取措施，如加强价格监管、提高透明度和建立有效的投

[①] 数据来源于中国消费者协会《2022年全国消协组织受理投诉情况分析》。
[②] 数据来源于中国消费者协会《2022年全国消协组织受理投诉情况分析》。

诉处理机制，来保护消费者免受价格欺诈的侵害。

此外，消费者自我保护策略也至关重要。消费者应通过比较不同平台的价格、阅读商品评价、了解退换货政策等手段来提高自身的识别能力。同时，消费者应积极利用现有的法律途径进行投诉和维权。"消费者应当被保护，不仅是为了他们自己的利益，也是为了整个社会的利益。"因此，通过法律、教育和技术创新等多方面的努力，可以有效地减少价格欺诈行为，维护消费者权益，促进电商行业的健康发展。

（四）售后服务缺失与消费者权益

在电商活动中，售后服务的缺失已成为消费者权益受损的显著问题。据统计，超过30%的消费者在网购过程中遇到过售后服务问题，这不仅包括退换货困难、维修服务不到位，还包括客服响应迟缓和态度恶劣。例如，根据中国消费者协会发布的报告，2020年有关网络购物的投诉中，售后服务问题占到了总投诉量的20%以上。这不仅影响了消费者的购物体验，也对电商平台的信誉和长远发展构成了威胁。[1]在消费者权益保护的框架下，售后服务是维护消费者权益的重要环节，它直接关系到消费者对商品或服务的满意度和忠诚度。正如商业哲学家雷·克劳斯所言："顾客不是我们争论的对象，他们是我们的合作伙伴。"电商平台应将售后服务视为与消费者建立长期合作关系的关键，通过提供及时、高效、人性化的服务，来增强消费者的信任和满意度。

（五）个人信息泄露与消费者权益

在电商活动的浪潮中，个人信息泄露已成为消费者权益保护领域的一大挑战。随着互联网技术的飞速发展，消费者在享受便捷购物体验的同时，其个人数据安全面临着前所未有的威胁。据统计，2020年全球数据泄露事件导致超过370亿条记录被泄露，其中电商领域的数据泄露事件占了相当大的比例。这些泄露的数据不仅包括消费者的姓名、地址、电话号码等基本信息，甚至涉及信用卡信息、购物偏好等敏感数据。一旦这些信息落入不法分子之手，不仅可能导致经济损失，更会对消费者的隐私权和人身安全造成严重威胁。在电商活动中，个人信息泄露问题的严重性不容忽视。

信息泄露事件这不仅损害了消费者的信任，也给企业带来了巨大的经济损失和声誉损害。根据《中华人民共和国消费者权益保护法》的规定，消费者享有个人信息安全的权利，电商平台有义务采取有效措施保护消费者个人信息不被泄露。然而，现实情况表明，许多电商平台在数据保护方面仍存在漏洞。

为应对这一挑战，消费者需要提高自我保护意识，学会识别和防范个人信息泄露的风险。同时，电商平台应加强数据安全管理，建立完善的个人信息保护机制，确保消费者数据的安全。政府监管机构也应加强立法和执法力度，对违法行为进行严厉打击。此外，通过国际合作与交流，共同构建全球性的消费者权益保护网络，也是未来发展的必然趋势。确保消费者个人信息的安全，不仅是电商活动中的法律要求，更是对消费者基本权利的尊重和保护。

---

[1] 数据来源于中国消费者协会《2020年全国消协组织受理投诉情况分析》。

三、消费者自我保护策略

（一）如何识别电商活动中的陷阱

在电商活动的热潮中，消费者权益保护显得尤为重要。识别电商活动中的陷阱，首先需要消费者具备一定的警惕性和辨识能力。例如，根据中国消费者协会发布的数据，2022年关于网络购物的投诉量占总投诉量的30%以上，其中虚假宣传和商品质量问题是最常见的投诉内容。[①]消费者在面对看似诱人的折扣和促销时，应运用"信息不对称理论"来分析商家提供的信息是否全面、透明。此外，消费者可以参考"消费者剩余"概念，评估商品的实际价值是否真的如宣传所言，避免因价格欺诈而受损。案例分析显示，一些不法商家通过虚假的"限时抢购"活动，人为制造紧张气氛，诱导消费者在未充分比较的情况下匆忙下单。因此，消费者在参与电商活动时，应保持冷静，利用比价工具和用户评价来验证商品的真实性和商家的信誉度，从而有效识别并规避潜在的消费陷阱。

（二）消费者投诉与维权途径

面对商品质量问题、价格欺诈、售后服务缺失以及个人信息泄露等问题，消费者需要有效的投诉与维权途径来维护自身利益。据统计，2022年我国消费者协会共受理消费者投诉约100万件，其中电商领域的投诉占比显著上升。这不仅反映了消费者权益保护的紧迫性，也揭示了维权途径的重要性。消费者在遇到商品或服务问题时，可以通过以下途径进行投诉与维权：

（1）与商家直接沟通：首先尝试与销售商品或提供服务的商家联系，说明问题并寻求解决方案。

（2）消费者协会：联系当地消费者协会或消费者权益保护组织，寻求帮助和咨询。

（3）12315投诉热线：拨打全国统一的消费者投诉举报电话12315，进行投诉。

（4）网络平台投诉：通过电子商务平台的消费者服务中心或在线客服进行投诉。

（5）行政监管部门：向相关的行政监管部门如市场监督管理局投诉。

（6）法律途径：如果以上途径无法解决问题，可以考虑通过法律途径维权，比如向人民法院提起诉讼。

在进行投诉时，应准备好相关证据，如购物凭证、合同、照片、视频等，以便于问题的顺利解决。

四、电商平台的监管责任与改进措施

电商平台作为网络交易的重要场所，承担着维护市场秩序、保护消费者权益的重要责任。电商平台监管责任主要包括以下几个方面：

（1）确保平台内经营者资质合法合规，对入驻商家进行严格审核，确保其具备合法的经营资格。

[①] 数据来源于中国消费者协会《2022年全国消协组织受理投诉情况分析》。

（2）加强对商品和服务质量的监管，防止假冒伪劣商品流入市场，确保消费者能够购买到符合标准的商品。

（3）保障消费者权益，建立完善的售后服务体系，及时处理消费者的投诉和退换货请求。

（4）加强数据安全和隐私保护，确保用户个人信息不被非法收集、使用或泄露。

（5）遵守相关法律法规，配合政府监管部门的监督管理，及时响应监管要求。

改进措施可以包括：

（1）强化平台内部管理，建立更加严格的入驻审核机制和商品上架审查流程。

（2）利用大数据和人工智能技术，提高对违规行为的识别和处理效率。

（3）增加透明度，公开商家评价体系和消费者投诉处理结果，接受社会监督。

（4）加强与政府监管部门的沟通协作，共同打击网络交易中的违法行为。

（5）提升消费者教育，增强消费者识别和防范网络购物风险的能力。

（6）定期进行自我审查和整改，确保平台运营符合最新的法律法规要求。

五、未来展望：电商消费者权益保护的发展趋势

（一）科技在消费者权益保护中的应用前景

随着科技的飞速发展，消费者权益保护领域也迎来了新的变革。大数据分析和人工智能技术的应用，为电商平台提供了更为精准的消费者行为预测，从而有助于预防欺诈行为和提高服务质量。例如，通过分析消费者的购物习惯和反馈，电商平台可以及时发现商品质量问题，并采取措施保护消费者权益。区块链技术的引入，为交易的透明度和安全性提供了新的保障，确保了消费者信息的不可篡改性和隐私保护。据估算，区块链技术在 2025 年有望为全球电商行业节省超过 1 760 亿美元的运营成本。此外，智能合约的应用能够自动执行合同条款，减少因人为错误或欺诈导致的消费者权益受损。"科技是人类进步的阶梯"，科技的进步不仅推动了电商行业的发展，也为消费者权益保护提供了新的工具和方法。

（二）消费者权益保护的国际合作与交流

在全球化的背景下，消费者权益保护的国际合作与交流显得尤为重要。随着电子商务的迅猛发展，跨国购物变得日益普遍，消费者面临的权益保护问题也跨越了国界。例如，根据联合国贸易和发展会议（UNCTAD）的报告，2020 年全球电子商务销售额达到了 26.7 万亿美元，其中跨境电子商务占到了 18.5%。[1]这一数据表明，消费者权益保护的国际合作不仅关乎国内消费者，也影响着全球数以亿计的消费者。在此背景下，各国政府和国际组织开始寻求合作，共同制定和实施消费者权益保护的国际标准和规则。

国际合作在消费者权益保护方面的一个重要里程碑是《联合国消费者保护准则》的制定。该准则为各国提供了消费者权益保护的框架和指导原则。此外，世界贸易组织

---

[1] 数据来源于联合国贸易和发展会议（UNCTAD）的 2020 年报告。

（WTO）下的贸易便利化协定也强调了透明度和消费者保护的重要性。在实践中，一些国家通过双边或多边协议，如亚太经济合作组织（APEC）的跨境隐私规则体系（CBPR），来加强个人信息保护和数据安全。这些合作机制为消费者权益保护提供了更加坚实的国际法律基础。

在国际合作的推动下，消费者权益保护的交流也日益频繁。例如，国际消费者保护与执法网络（ICPEN）定期举办国际消费者保护执法会议，分享最佳实践和案例研究，以提高各国消费者权益保护的效率和效果。同时，消费者组织如国际消费者研究与测试组织（ICRT）通过跨国比较测试和研究，帮助消费者做出更明智的购买决策。这些交流活动不仅提升了消费者保护的国际合作水平，也为消费者提供了更为全面和有效的保护。

然而，国际合作与交流并非没有挑战。不同国家的法律体系、文化背景和经济发展水平差异，使得统一的消费者权益保护标准难以实现。因此，各国需要在尊重差异的基础上，通过对话和协商，找到共同点，制定出既符合国际标准又适应本国实际情况的消费者权益保护政策。未来，随着科技的进步和国际合作的深入，消费者权益保护将更加注重数据安全、隐私保护以及消费者教育，以应对不断变化的电商环境。

基础练习

一、单项选择题

1. 下列哪个组织不属于电子商务纠纷调解组织？（　　）
   A. 行业协会　　　　　　　　　B. 消费者组织
   C. 人民法院　　　　　　　　　D. 人民调解委员会

2. （　　）是指消费者在购买商品或者接受服务时，有权获得质量保障、价格合理、计量准确等公平交易条件，有权拒绝经营者的强制交易行为。
   A. 知情权　　　　　　　　　　B. 自主选择权
   C. 公平交易权　　　　　　　　D. 安全保障权

3. 个人信息泄露对消费者权益造成的最直接影响是（　　）。
   A. 经济损失　　　　　　　　　B. 隐私权受侵犯
   C. 购物体验下降　　　　　　　D. 服务质量下降

4. 电子商务法律法规的主要目标之一是保护什么权益？（　　）
   A. 商家权益　　　　　　　　　B. 技术开发者权益
   C. 平台权益　　　　　　　　　D. 消费者权益

5. 电子商务法立法的重要性不包括哪一项？（　　）
   A. 抑制技术创新　　　　　　　B. 维护市场秩序
   C. 保护消费者权益　　　　　　D. 加强国际合作与交流

二、多项选择题

1. 下列选项中属于电商活动中的消费者权益有哪些？（　　）

A. 知情权 B. 自主选择权

C. 公平交易权 D. 安全保障权

E. 获得赔偿权

2. 下列选项中属于电子商务平台上的侵权行为的有哪些？（　　　　）

A. 未经授权销售假冒伪劣商品 B. 盗版软件和数字内容的销售

C. 商标侵权 D. 侵犯专利权

E. 域名抢注

3. 下列选项中属于电子商务活动中的知识产权类型有哪些？（　　　　）

A. 商标权 B. 专利权

C. 组织结社权 D. 著作权

E. 商业秘密

4. 电子商务法律法规在哪些方面起到了重要作用？（　　　　）

A. 保护消费者权益 B. 促进电子商务发展

C. 防范网络诈骗 D. 降低国际贸易壁垒

E. 规定商品定价

5. 消费者权益保护的意义包括哪些方面？（　　　　）

A. 提升消费者信心 B. 促进市场健康发展

C. 防止消费者受到伤害 D. 限制消费者购买能力

E. 推动可持续发展

三、名词解释

1. 电子签名

2. 数据保护法律

3. 电子商务合同法

四、简答题

1. 电子商务合同法的重要性主要体现在哪些方面？

2. 电子合同与纸质合同具有同等的法律效力，前提是它们满足一定的条件。这些条件有哪些？

3. 消费者权益保护的重要性体现在哪些方面？

项目九 电子商务创新模式与发展趋势

 学习目标

一、知识目标

（1）了解电子商务的各种创新模式及其应用。
（2）了解我国电子商务发展现状。
（3）把握电子商务的发展趋势。

二、能力目标

（1）能够把握各种新电商模式的发展。
（2）能够运用所学知识进行电子商务发展趋势分析。

三、素养目标

树立正确的电子商务观，主动学习，具有创新精神和较强的实践精神。

 案例导入

董宇辉的双语直播带货

在一次直播带货中，董宇辉充分发挥了自己的英语教学背景，采用双语（中文和英文）进行产品讲解。

在直播过程中，董宇辉首先用中文详细介绍了产品的功能和特点，随后用英文进行复述。他不仅在直播中展示了产品，还通过白板对相关单词和词组进行解读，使得观众能够更好地理解产品信息。

董宇辉的双语直播带货方式吸引了大量观众的关注。一方面，这种新颖的直播形式让英语爱好者感到新鲜有趣；另一方面，董宇辉流利的英语表达和幽默风趣的讲解风格，使得直播带货更具吸引力。

这次双语直播带货的成功，不仅提高了董宇辉的知名度，也为新东方旗下的东方甄选直播团队带来了显著的销售业绩。同时，这个案例也展示了董宇辉在直播带货领域的

创新精神和独特魅力。

（案例来源：荆楚新闻）

【案例思考】
1. 董宇辉的直播卖货和传统电商卖货有什么不同？
2. 直播电商卖货有哪些优势呢？

任务一　电子商务新模式

当前中国已经开启全面建成社会主义现代化强国的新征程，正处在迈向高收入国家的关键阶段，消费创新日益成为引领未来中国经济高质量发展的主导力量。党的二十大报告提出要坚持以推动高质量发展为主题，把实施扩大内需战略同深化供给侧结构性改革有机结合起来，中央经济工作会议提出要把恢复和扩大消费摆在优先位置。在新一轮科技革命方兴未艾，产业数字化转型快速推进，城乡居民消费深刻变革，市场竞争日益激烈以及数字消费进入快车道等多重因素相互作用和叠加促动下，我国电商展现出新的活力，直播电商、短视频电商、社交电商、内容电商、兴趣电商等一批彰显时代特色的"电商新模式"孕育兴起，成为电商持续快速发展的新动力。更为重要的是，这些电商新模式展现出了强大的消费资源的集聚力、供应链优化的组织力、消费创新和消费风尚的引领力，以及数字经济与实体经济深度融合的推动力，形成了数字经济时代实现需求牵引供给、供给创造需求更高水平动态平衡的新途径，也为激发消费创新、创造新供给注入了前所未有的新活力。

一、什么是电商新模式？

电商新模式是以创新内容为导向，以电商平台为载体，以数据赋能为动力，实现消费链、产业链、供应链数实融合的发展方式。

二、电商新模式所具备的特点

电商新模式形式丰富多样，且处于持续创新和快速迭代中。其突出特征，是以平台为载体，以信息线索赋能为动力，通过创造更具视觉冲击的内容表现形式、对消费者更加友好的交互界面，创造全新的消费场景，丰富和提升了消费者购物体验，更加快速捕捉和精准识别消费需求，带动广大消费者和产业链、供应链实现协同创新和互促发展。相对于传统电商模式，电商新模式在满足潜在需求、服务供给创新、增进供需匹配等方面均表现出新特点。

首先，电商新模式以创新内容为主导，全面激发和更好满足消费者潜在需求。短视频、直播等新型数字内容的高质量创新，带来了消费场景的变化和重构，推动电商新模式从传统的"人找货"模式转向"货找人"模式，从被动等待用户搜索转变为更加积极预判用户偏好。借助维度更丰富的信息线索，电商新模式敏锐捕捉细分和多元的市场需求。

其次，电商新模式以平台为载体，为供需两端提供数字技术支撑，促进供需两侧数字技术应用和实现动态匹配融合。电商新模式综合应用多种现代信息技术、数字技术及智能技术，既在需求侧促进娱乐内容、产品推荐、支付物流等多种服务综合集成，又对上游产业带和制造企业的响应能力提出更高要求，进而推动了企业主动加快数字化转型，并促进了数字基础设施持续完善。

最后，电商新模式以产业链、供应链为纽带，通过信息技术赋能，带动上下游企业协调创新，为大量实体企业，特别是实体店铺、中小企业创新品牌发展形成更有力支持。调研发现，虽然一些电商平台仍处于创新探索阶段，但通过信息线索赋能、推动数字化供应链建设，成功帮助许多小众品牌、原创品牌、新国货品牌对接潜在消费群体，为过去处于长尾市场中后端的中小企业提供了新的成长赛道。据统计，2022年抖音电商上国货品牌销量同比增长110%，其中老字号品牌销量同比增长156%，新锐品牌销量同比增长84%。[①]

三、典型电商新模式

随着互联网的普及和技术的进步，电子商务已经成为全球范围内的重要商业模式。然而，随着市场的发展和消费者需求的不断变化，电子商务也面临着新的挑战和机遇。电子商务的新模式，包括社交电商、内容电商、直播电商、社交零售、订阅电商、兴趣电商、短视频电商、新零售等。

（一）社交电商

1. 社交电商的定义

社交电商是一种通过社交媒体平台进行销售的电子商务模式。这种模式充分利用了社交媒体平台的用户流量和社交互动性，通过社交媒体平台上的店铺、导购、直播等形式，将商品信息传递给消费者，并实现交易。

2. 社交电商的优势

（1）用户参与度高：社交电商鼓励用户之间的互动和分享，增加了用户的参与度和忠诚度。

（2）传播速度快：通过社交网络的传播，信息可以迅速到达大量潜在用户。

（3）信任机制：用户之间的社交关系为商品推荐提供了信任基础，有助于提高转化率。

（4）个性化体验：社交电商可以根据用户的社交行为和偏好提供个性化的购物体验。

（5）降低获客成本：通过用户的社交网络分享，社交电商可以降低传统的广告和推广成本。

（6）即时推广：社交电商可以实现购物信息的即时推广，提高营销效率。

---

① 数据来源：腾讯数据分析公司。

3. 典型的社交电商平台（如图9-1）

（1）微信：微信通过公众号、小程序和朋友圈等功能，为商家提供了与用户互动和销售商品的平台。

社交电商分类图谱

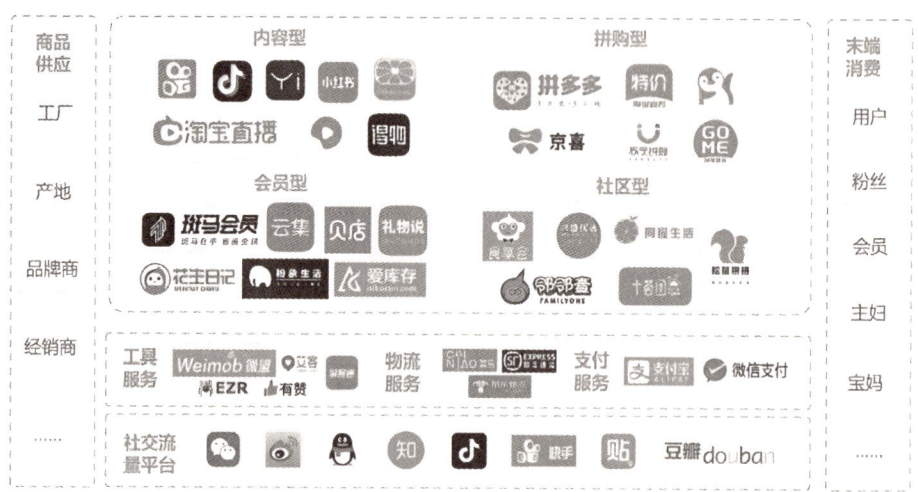

图9-1 社交电商平台

（2）抖音：抖音作为一个短视频社交平台，通过直播带货、短视频推广等方式，实现了社交电商的功能。

（3）小红书：小红书是一个以内容分享为核心的社交电商平台，用户通过分享购物经验、产品评测等内容来推动商品销售。

（4）快手：快手同样通过直播带货和短视频推广，吸引用户购买商品。

（5）拼多多：拼多多以社交拼团为核心，用户通过发起拼团或参与他人的拼团来享受更低的价格。

（6）Temu：跨境电商平台，通过社交媒体和社交网络推广商品，特别是在海外市场取得了显著的成功。

这些平台通过结合社交元素和电商功能，为用户提供了独特的购物体验，同时也为商家提供了新的销售渠道。

（二）内容电商

1. 内容电商的定义

内容电商是一种以优质内容为驱动的电子商务模式。这种模式通过在社交媒体平台上发布各种形式的商品介绍、评测、使用教程等内容，吸引消费者关注并购买商品。它将内容创作与商品销售相结合，通过内容来提升用户黏性和信任度，进而促进商品的销售。

2. 内容电商的优势

（1）提高用户黏性：内容电商通过提供有价值的内容，吸引用户长时间停留在平台上，从而提高用户的黏性。

（2）增强用户信任：用户在长时间接触和喜爱某个内容创作者或社区后，更容易产生信任感，从而提高商品转化率。

（3）拓展长尾市场：内容电商能够帮助一些长尾产品与消费者匹配，为小店和垂直类电商提供更多曝光机会。

（4）品牌塑造：内容电商通过内容创作来塑造品牌形象，使得品牌更容易被用户接受和认可。

3. 典型的内容电商平台

（1）小红书：小红书是一个以生活方式分享为主的内容电商平台，用户通过发布和浏览短视频、文章等形式的内容，发现和购买商品。

（2）抖音：抖音作为一个短视频平台，通过短视频内容吸引用户，并在视频中嵌入商品链接，引导用户购买。

（3）微博：微博上的许多KOL（关键意见领袖）通过发布内容来推广商品，形成了一个内容电商的生态。

（4）B站：B站作为一个以二次元文化为主的内容平台，也逐渐发展出了内容电商的功能，许多UP主通过视频内容推广商品。

（5）知乎：知乎作为一个问答社区，也逐渐发展出了内容电商的模式，通过专家和用户的问答内容来推广商品。

（6）中信书店：中信书店通过线上线下的结合，以及提供高质量的图书内容和相关的文化产品，实现内容电商的转型。

（三）直播电商

1. 直播电商的定义

直播电商是一种通过直播销售商品的电子商务模式。这种模式通过直播的形式，将商品展示、讲解、互动、购买等环节融为一体，为消费者提供更加直观、便捷、有趣的购物体验。直播电商的优势在于能够更好地满足消费者的即时需求，提供更加个性化的购物体验，同时也能够提高品牌的曝光度和销售额。

2. 直播电商的优势

（1）实时互动性：直播电商允许消费者与主播实时互动，提问和讨论商品，这种即时反馈和沟通机制提高了用户的参与感和购买体验。

（2）真实商品展示：通过视频直播，消费者可以更直观地看到商品的实际外观、功能和使用效果，相比传统电商的静态图片和文字描述，直播电商更能传递商品的真实性。

（3）节省成本：直播电商降低了库存压力和营销成本，商家无须大量生产商品，可以通过直播进行零库存销售，同时直播的营销费用相对较低。

（4）个性化推荐和服务：直播电商平台可以根据用户的购买记录和兴趣偏好提供个性化的商品推荐，主播也可以根据用户的喜好进行定制化推荐。

（5）刺激消费提高销量：直播过程中，主播可以通过营造紧张紧迫的氛围、发放优惠券等方式，刺激消费者购买，从而提高销量。

3. 典型的直播电商平台（如图 9-2 所示）

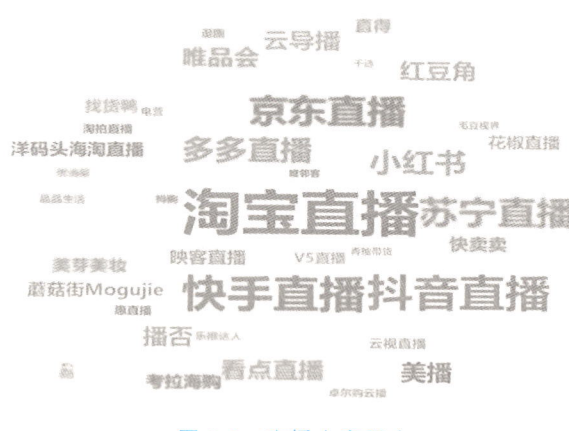

图 9-2　直播电商平台

（1）淘宝直播：阿里巴巴旗下的直播电商平台，拥有庞大的用户基础和商家资源。

（2）抖音直播：字节跳动旗下的短视频和直播平台，以其强大的流量和用户互动性著称。

（3）快手直播：快手是另一个流行的短视频和直播平台，以社区氛围和用户黏性为特色。

（4）京东直播：京东直播以其营销与内容的深度融合、强大的数据分析能力、广泛的品类覆盖、专业的直播团队、创新的直播形式以及丰富的扶持政策等特色，在直播电商领域占据了重要地位。

（5）点淘直播：拼多多旗下的直播电商平台，结合拼团模式，提供独特的购物体验。

这些平台都在直播电商领域占据了重要的市场份额，并且各自具有不同的特色和优势。

（四）社交零售

1. 社交零售的定义

社交零售通过社交媒体渠道，如微信、微博、抖音等，以及社交网络平台，如 Facebook、Instagram 等，来促进用户之间的互动和分享，从而带动商品或服务的销售。它强调用户参与、口碑传播和社群效应，以此来提高销售转化率和用户黏性。

2. 社交零售的优势

（1）增强用户互动：社交零售鼓励用户之间的互动和分享，从而增加品牌的可见度和用户参与度。

（2）提高转化率：通过社交网络建立信任关系，用户更可能购买推荐的商品或服务。

（3）降低营销成本：社交零售利用用户自发分享和口碑传播，降低了传统广告和营销的成本。

（4）个性化体验：社交零售可以根据用户的行为和偏好提供个性化的推荐和服务。

（5）快速反馈：通过社交平台，品牌可以快速获取用户反馈，及时调整产品和服务。

（6）社群效应：用户可以围绕共同兴趣或品牌建立社群，增强品牌忠诚度。

3. 典型的社交零售平台

（1）微信：微信是中国最大的社交平台之一，通过微信小程序和公众号，许多品牌实现了社交零售。

（2）微博：微博作为一个开放的社交平台，许多品牌通过微博进行产品推广和用户互动。

（3）抖音：抖音是一个短视频平台，通过短视频和直播带货，实现了社交零售的快速发展。

（4）Facebook：Facebook 拥有庞大的用户基础，许多国际品牌通过 Facebook 进行社交零售。

这些社交零售平台通过不同的方式，为品牌和用户提供了一个互动、分享和购买的社交环境。

（五）订阅电商

1. 订阅电商的定义

订阅电商，是指消费者通过预先支付一定费用，获得在一段时间内定期收到商家提供的商品或服务的一种电商模式。这种模式通常涉及周期性的送货，如每月一次、每季度一次等，消费者可以根据自己的需求订阅特定的商品或服务。订阅电商模式的核心在于通过定期配送商品或服务，为消费者提供更实惠、方便、充满惊喜感和个性化的购物体验。这种模式不仅适用于周期性强和易耗品，如报纸、杂志、纸巾等，也扩展到其他产品，如化妆品、咖啡、宠物用品、玩具等。

2. 订阅电商的优势

（1）稳定收入：对于商家来说，订阅模式可以带来可预测的、稳定的收入流。

（2）客户忠诚度：订阅服务能够提高客户的黏性，增加客户对品牌的忠诚度。

（3）减少营销成本：由于客户已经订阅，商家无须不断投入营销资源来吸引这些客户。

（4）库存管理：商家可以根据订阅量更准确地预测需求，从而更有效地管理库存。

（5）个性化服务：订阅服务可以根据消费者的偏好和习惯提供个性化的商品或服务。

（6）提高生活便利性：对于消费者来说，订阅电商可以提供定期送货服务，减少他们重复购买相同商品的麻烦。

（7）降低价格波动风险：订阅服务通常有固定的价格，消费者可以避免市场价格波动带来的成本增加。

（8）增强品牌形象：提供订阅服务的商家通常被视为更加专业和可靠，这有助于提升品牌形象。

（9）数据收集与分析：商家可以通过订阅服务收集消费者的使用习惯和偏好数据，用于改进产品和服务。

（10）市场细分：订阅电商可以帮助商家更精准地定位市场细分，提供更加专业化的产品和服务。

3. 典型的订阅电商平台

（1）Fresh Fronks：新鲜杏仁奶，送货上门（每周一次或两周一次）。

（2）Lexli：一个专业的美容用品的补货订阅计划，可以为你喜欢的、经常使用的产品提供便利式购买服务。

（3）New Chapter：是一个更加专业的订阅式盒子，有一个订阅的 CTA(Commodity Trading Advisors，商品交易顾问)，并且，你在订阅时，会比一次性购买为省钱。

这些平台都充分利用了大数据和算法技术，通过个性化推荐和精准营销，满足消费者的多元化需求。同时，订阅制模式也为平台带来了稳定的收入来源和客户忠诚度，有助于平台在竞争激烈的电商市场中脱颖而出。需要注意的是，虽然订阅制电商在中国还处于起步和发展阶段，但随着消费者对于便捷、个性化购物体验的需求不断增加，以及物流、支付等基础设施的不断完善，订阅制电商有望在未来成为中国电商市场的重要组成部分。

（六）兴趣电商

1. 兴趣电商的定义

兴趣电商是一种基于用户兴趣和个性化需求的电商模式。它通过分析用户的兴趣爱好、购物行为和消费习惯，为用户提供与其兴趣相匹配的商品和服务，从而提升用户的购物体验和满意度。兴趣电商的核心在于通过精准的推荐算法，满足用户潜在的购物兴趣，提高用户对电商平台的忠诚度和复购率。

2. 兴趣电商的优势

（1）个性化推荐：基于用户兴趣和行为数据，提供更加个性化的商品推荐，满足用户多样化的需求。

（2）提升购物体验：通过精准推荐，减少用户寻找商品的时间，提高购物效率，增加用户满意度。

（3）增强用户黏性：通过满足用户的兴趣，增加用户对平台的依赖和忠诚度，提高复购率。

（4）降低推广成本：兴趣电商通过用户兴趣来吸引流量，减少了传统电商模式中需要的大量广告投放和推广成本。

（5）创新营销方式：兴趣电商通常结合短视频、直播等新媒体形式，为用户提供更加生动、有趣的购物体验。

3. 典型的兴趣电商平台

（1）抖音电商：抖音作为短视频平台，通过算法分析用户的兴趣爱好和行为，推荐用户感兴趣的短视频和直播内容，进而实现用户留存和购买转化。

（2）小红书：小红书是一个结合社交和电商的平台，用户通过分享购物经验、生活方式等内容，形成兴趣社区，平台根据用户兴趣推荐商品。

（七）短视频电商

1. 短视频电商的定义

短视频电商是指将短视频内容与电子商务相结合的一种新型销售模式。在这种模式下，商家通过短视频平台发布商品相关的短视频，以视频的形式展示商品特点、使用方式等，用户可以在观看短视频的同时进行购物，实现内容与购买的无缝对接。

2. 短视频电商的优势

（1）创新的购物体验：短视频电商通过直观的视频内容，让用户能够更真实地了解商品，提供更加生动、立体的购物体验。

（2）强大的社交属性：短视频电商平台通常具备社交功能，用户可以在观看视频的同时进行评论、分享和交流，增加用户黏性和参与度。

（3）提升销售转化率：短视频能够快速吸引用户注意力，激发购买欲望，从而提高销售转化率。

（4）丰富的运营工具：短视频电商平台提供多种运营工具，如优惠券、秒杀活动、拼团等，帮助商家提升销售额，并通过数据分析工具优化运营策略。

3. 典型的短视频电商平台（如图9-3所示）

图9-3 短视频电商平台

（1）抖音：以娱乐性强、创意性高的短视频内容为主，通过直播和短视频带货，拥有庞大的用户基础和成熟的电商生态。

（2）快手：同样以短视频和直播为主要形式，强调社区互动，也发展出了较为完善的电商功能。

（3）小红书：以生活方式分享和消费决策为主，结合图文和短视频展示内容，主要用户群体是年轻女性，电商功能以品牌合作和商品推荐为主。

(八)新零售

1. 新零售的定义

新零售是指通过应用互联网、物联网、大数据、人工智能等先进技术,将线上和线下渠道融合,实现人、货、场的全面数字化升级,从而提升零售效率和用户体验的一种新型零售模式。新零售强调的是线上线下的无缝对接和深度融合,以消费者为中心,提供个性化、便捷化的购物体验。

2. 新零售的优势

(1)成本效率提升:通过数字化技术降低人力、仓储、供应链等成本,提高经营效率。

(2)营销精准有效:利用大数据分析消费者行为,实现精准营销,减少营销损耗。

(3)用户体验优化:线上线下融合,提供便捷、个性化的购物体验。

(4)覆盖范围扩大:打破传统线下零售的地域限制,扩大服务范围。

(5)产品和服务创新:结合新技术,推出新产品和服务,满足消费者多样化需求。

3. 典型的新零售平台

(1)盒马鲜生:盒马鲜生是阿里巴巴集团旗下的新零售企业,将线上电商平台和线下实体店相结合,提供新鲜食品和餐饮服务(如图9-4所示)。

图 9-4　盒马鲜生

(2)超级物种:永辉超市旗下的新零售企业(如图9-5所示),通过线上线下一体化的模式,提供生鲜食品、超市商品和餐饮服务。

图 9-5　新鲜食品

（3）娇子涌金：娇子实业集团旗下品牌领呗品超，以社区新零售模式发展迅猛，提供便捷的社区零售服务。（如图9-6所示）

图9-6　领呗品超

（4）苏宁易购：苏宁易购通过线上电商平台和线下实体店相结合的方式，提供家电、数码产品、超市商品等多种零售服务。

（5）京东：京东通过线上电商平台和线下实体店相结合的方式，提供家电、数码产品、超市商品等多种零售服务，同时发展京东物流作为支撑。

（6）拼多多：拼多多是一家以社交电商为新零售模式的企业，通过社交分享和团购的方式，提供商品和服务。

这些新零售企业通过线上线下融合、数字化技术运用和个性化服务等方式，提供了更便捷、智能和个性化的购物体验。

除了以上几种模式，还有一些其他的电子商务新模式，如社交+电商、社区团购、小程序电商等。这些模式各有特点和优势，能够为电子商务的发展带来新的机遇和挑战。

总之，随着互联网技术的不断发展和消费者需求的不断变化，电子商务也在不断创新和发展。各种新的电子商务模式正在不断涌现，为消费者提供更加便捷、个性化和有趣的购物体验，同时也为企业带来更多的商业机会和挑战。

任务二　电子商务发展趋势

案例导入

商务部：我国2024年上半年电子商务发展情况[1]

1—7月，网络零售促进消费平稳增长，平台企业加快技术和商业模式创新，电子商务推动产业数字化转型升级，电商领域国际合作实现互利共赢。

---

[1] 案例来源于商务微新闻。

网络消费新动能不断集聚。1—7月，据国家统计局数据，全国网上零售额8.38万亿元，增长9.5%。其中，实物商品网上零售额7.01万亿元，增长8.7%，占社零总额25.6%。数字消费、服务消费和以旧换新政策举措打造网络消费新动能，据商务大数据监测，微单相机、智能家居系统和手机增长22.5%、20.9%和15.5%，重点平台网络服务消费增长20.2%，其中在线旅游和在线餐饮增长51.1%和20.8%。7月份，主要电商平台电视、洗衣机、冰箱以旧换新销售额增长92.9%、82.8%和65.9%。

平台技术和模式创新持续涌现。中国平台企业的云转播首次成为奥运会主要转播方式，助力奥运会数字化转型。视频平台创新"体育+电商"商业模式，融合赛事转播、品牌合作和商品销售。主要电商平台加快推出人工智能运营工具。

电子商务推动各产业数字化转型。促进农业产销对接数字化，"数商兴农"深入湖北、湖南、宁夏等中西部地区选优品、育精品，据商务大数据监测（下同），1—7月农产品网络零售额增长20.1%。促进工业企业采购数字化，重点产业电商平台交易额增长4.8%。促进生活服务业数字化，主要平台家政、洗衣、理发销售额增长46.4%、45%和43.6%。

丝路电商国际合作互利共赢。上海"丝路电商"合作先行区"共塑规则、共享市场、共建能力"取得新进展，26个"丝路电商"伙伴国国家馆展销各国商品超过1.5万余种，中国企业电子提单解决方案首次获国际航运企业采用。生鲜电商平台在越南、泰国等伙伴国建立蔬果直采基地，成为当地农产品输华新渠道，1—7月中国电商平台销售泰国榴莲、越南腰果增长48.6%和41.4%。

一、电子商务发展现状

中国电子商务市场规模持续扩大，交易额不断创新高。随着互联网技术的快速发展，特别是移动互联网的普及，电子商务已经成为中国消费市场的重要组成部分。目前，中国电子商务发展现状如下：

（1）消费者群体日益扩大，线上购物习惯逐渐形成。
（2）电子商务平台多样化，涵盖零售、餐饮、旅游、教育等多个领域。
（3）移动支付普及，为电子商务提供了便捷的支付手段。
（4）农村电子商务市场潜力巨大，逐渐成为新的增长点。
（5）电子商务与实体经济深度融合，推动产业升级。
（6）政策支持力度加大，为电子商务发展提供良好环境。
（7）电子商务市场竞争激烈，创新模式不断涌现。

二、电子商务发展趋势

随着全球数字化转型的加速，电子商务行业在过去几年中经历了显著的增长和变革。展望未来，电商行业将继续保持快速发展，同时也将面临新的挑战和机遇。具体而言，电子商务的发展趋势体现在以下几个方面：

（1）移动商务增长：随着智能手机和平板电脑的普及，越来越多的消费者通过移动设备进行在线购物。移动电子商务（m-commerce）预计将继续快速增长，推动企业优化移动购物体验和移动支付解决方案。

（2）人工智能与机器学习：AI技术在个性化推荐、客户服务（如聊天机器人）、库存管理和价格优化等方面的应用将越来越广泛。机器学习算法能够分析大量数据，帮助企业更好地了解消费者行为，从而提供更精准的服务和产品推荐。

（3）增强现实与虚拟现实：AR和VR技术正在改变电子商务的购物体验。例如，消费者可以在购买家具或装饰品之前，通过AR技术在自己的家中预览产品。VR则可以提供沉浸式的购物环境，如虚拟试衣间和虚拟商店。

（4）社交电商：社交媒体平台正成为电子商务的重要渠道。品牌和零售商通过社交媒体直接与消费者互动，利用社交网络的影响力和传播力来推广产品和销售，这种电商新模式将持续发展。

（5）可持续性和透明度：消费者越来越关注产品的来源、制造过程和可持续性。电子商务企业需要提供透明的供应链信息，并采取环保措施，以满足消费者对可持续产品的需求。

（6）无界零售：线上与线下购物体验的融合将继续发展。通过无缝整合线上和线下渠道，提供灵活的购物选项（如线上下单、线下取货），电子商务企业可以更好地满足消费者的需求。

（7）跨境电商：随着全球贸易壁垒的降低和物流技术的进步，跨境电商将继续增长。消费者将更容易购买到国际品牌和产品，而企业也将寻求新的国际市场。

（8）个性化和定制化：利用大数据和AI技术，企业能够提供更加个性化的购物体验和定制化产品。消费者期望获得符合个人品位和需求的商品，这促使企业开发更加灵活的生产和营销策略。

（9）无人机和自动驾驶车辆配送：物流配送方式正在创新，无人机和自动驾驶车辆可能在未来用于快速配送商品，特别是在偏远地区或城市中。

（10）数字支付：随着数字支付技术的成熟，电子商务交易将变得更加便捷和安全。企业需要适应这些新兴支付方式，以满足消费者的需求。

综上所述，全球电子商务行业将继续快速发展，技术创新和消费者需求的变化将驱动行业不断演变。企业需要紧跟这些趋势，以保持竞争力和市场领导地位。

基础练习

一、单项选择题

1. 以下哪项不属于电子商务新模式的特点？（　　）

A. 个性化定制 B. 社交化营销

C. 线下体验店 D. 传统零售模式

2. 在电子商务新模式中,以下哪种策略最有助于提高用户黏性?(　　)
   A. 价格战　　　　　　　　　　　B. 优质内容分享
   C. 限时折扣　　　　　　　　　　D. 大规模广告投放
3. 电子商务新模式中,以下哪个平台最符合"直播+电商"模式?(　　)
   A. 淘宝　　　　　　　　　　　　B. 京东
   C. 微博　　　　　　　　　　　　D. 快手
4. 随着移动互联网的发展,以下哪项不是电子商务发展的趋势?(　　)
   A. 移动电商的崛起　　　　　　　B. 社交电商的兴起
   C. 线上线下融合　　　　　　　　D. 电子商务平台逐渐消失
5. 在电子商务的发展过程中,以下哪项技术被认为是推动电子商务发展的关键因素?(　　)
   A. 大数据　　　　　　　　　　　B. 云计算
   C. 人工智能　　　　　　　　　　D. 物联网

二、多项选择题

1. 以下属于电子商务新模式的有(　　)。
   A. 新零售　　　　　　　　　　　B. 社交电商
   C. 内容电商　　　　　　　　　　D. 直播电商
2. 以下属于直播电商优势的是(　　)。
   A. 实时互动性　　　　　　　　　B. 真实商品展示
   C. 节省成本　　　　　　　　　　D. 个性化推荐和服务
   E. 能刺激消费提高销量
3. 以下属于内容电商平台的是(　　)。
   A. 小红书　　　　　　　　　　　B. B 站
   C. 知乎　　　　　　　　　　　　D. 微博
   E. 淘宝
4. 以下哪些是电子商务新模式的主要趋势?(　　)
   A. 跨境电商　　　　　　　　　　B. 社区团购
   C. 虚拟现实购物　　　　　　　　D. 人工智能推荐
5. 在电子商务新模式中,以下哪些因素有助于提升用户体验?(　　)
   A. 个性化推荐　　　　　　　　　B. 高效物流配送
   C. 优质售后服务　　　　　　　　D. 丰富的商品种类

三、名词解释

1. 社交电商

2. 新零售

3. 订阅电商

四、简答题

1. 电商新模式具有哪些特点？

2. 请简单描述电子商务的发展趋势。

3. 目前电子商务出现了哪些新模式？

参考文献

[1] 沈立君. 电子商务支付与安全[M]. 北京：人民邮电出版社，2013.

[2] 宋晓明，汤宝玉. 电子商务基础[M]. 济南：山东科学技术出版社，2022.

[3] 钟雪梅. 电子商务基础[M]. 3版. 重庆：重庆大学出版社，2022.

[4] 程驰，郭江霞. 电子商务基础[M]. 重庆：重庆大学出版社，2021.

[5] 沈凤池，来立冬. 电子商务基础[M]. 北京：北京理工大学出版社，2020.